Compaixão

Dados Internacionais de Catalogação na Publicação (CIP)
(Câmara Brasileira do Livro, SP, Brasil)

Nouwen, Henri
  Compaixão : uma reflexão sobre a vida cristã /Henri Nouwen, Donald P. McNeill, Douglas A. Morrison ; desenhos de Joel Filártiga ; tradução Clodomir B. de Andrade. – 1. ed. – Petrópolis : Vozes, 2021.

  Título original: Compassion
  ISBN 978-65-5713-263-0
  1. Compaixão 2. Cristianismo 3. Deus 4. Oração 5. Reflexões 6. Vida cristã I. McNeill, Donald P. II. Morrison, Douglas A. III. Filártiga, Joel. IV. Título.

21-66272   CDD-248.4

Índices para catálogo sistemático:
1. Compaixão : Aspectos religiosos : Cristianismo
248.4

Maria Alice Ferreira – Bibliotecária – CRB-8/7964

Henri Nouwen
Donald P. McNeill
Douglas A. Morrison

Compaixão

Uma reflexão sobre a vida cristã

Desenhos de Joel Filártiga

Tradução de Clodomir B. de Andrade

EDITORA VOZES

Petrópolis

© 1982 by Donald P. McNeill, Douglas A. Morrison, Henri J. M. Nouwen

Esta tradução foi publicada mediante acordo com Image, um selo da Random House, uma divisão da Penguin Random House LLC.

Tradução realizada a partir do original em inglês intitulado
Compassion – A Reflection on the Christian Life.

Direitos de publicação em língua portuguesa – Brasil:
2021, Editora Vozes Ltda.
Rua Frei Luís, 100
25689-900 Petrópolis, RJ
www.vozes.com.br
Brasil

Todos os direitos reservados. Nenhuma parte desta obra poderá ser reproduzida ou transmitida por qualquer forma e/ou quaisquer meios (eletrônico ou mecânico, incluindo fotocópia e gravação) ou arquivada em qualquer sistema ou banco de dados sem permissão escrita da editora.

CONSELHO EDITORIAL

Diretor
Gilberto Gonçalves Garcia

Editores
Aline dos Santos Carneiro
Edrian Josué Pasini
Marilac Loraine Oleniki
Welder Lancieri Marchini

Conselheiros
Francisco Morás
Ludovico Garmus
Teobaldo Heidemann
Volney J. Berkenbrock

Secretário executivo
João Batista Kreuch

Diagramação: Sheilandre Desenv. Gráfico
Revisão gráfica: Rúbia Campos
Capa: SGDesign

ISBN 978-65-5713-263-0 (Brasil)
ISBN 0-385-51752-1 (Estados Unidos)

Editado conforme o novo acordo ortográfico.

Este livro foi composto e impresso pela Editora Vozes Ltda.

Estas reflexões são dedicadas a

Joel Filártiga

o compassivo médico-artista

que fez os desenhos para este texto;

à sua corajosa esposa

Nidia

e à memória de seu filho de 17 anos

Joelito

que foi torturado até a morte por um grupo de policiais em

30 de março de 1976.

Se a nossa vida em Cristo significa alguma coisa para você, se o amor consegue, de fato, persuadir, ou o Espírito que nós temos em comum, ou qualquer ternura e simpatia, então unam-se em sua convicção e amor, com um propósito e uma mente em comum. Essa é a única coisa que me tornaria completamente feliz. Não deve haver competição entre vocês, nenhum orgulho; mas cada um deve se autoanular. Sempre considere o próximo melhor do que você, para que ninguém pense, em primeiro lugar, nos seus próprios interesses, e sim nos interesses das outras pessoas. Em suas mentes, vocês devem sempre ser como Cristo Jesus:

Ele tinha a condição divina,
e não considerou o ser igual a Deus
como algo a que se apegar ciosamente.
Mas esvaziou-se a si mesmo,
e assumiu a condição de servo,
tomando a semelhança humana.
E, achado em figura de homem,
humilhou-se e foi obediente até a morte,
e morte de cruz!
Por isso Deus o sobreexaltou grandemente
e o agraciou com o Nome
que é sobre todo o nome,
para que, ao nome de Jesus,
se dobre todo joelho dos seres celestes,
dos terrestres e dos que vivem sob a terra,
e, para glória de Deus, o Pai,
toda língua confesse:
Jesus é o Senhor.

(Fl 2,6-11)

Sumário

Agradecimentos, 13

Prefácio para a edição revisada, 15

Prefácio, 17

Introdução, 19

Parte Um: O Deus compassivo, 29

1 Deus conosco, 31

2 Deus servo, 41

3 Deus obediente, 53

Parte Dois: A vida compassiva, 67

1 Comunidade, 69

2 Deslocamento, 84

3 União, 99

Parte Três: O caminho compassivo, 111

1 Paciência, 113

2 Oração, 128

3 Ação, 142

Conclusão, 157

Epílogo, 163

Sobre os autores, 169

Agradecimentos

Apesar de termos planejado este livro como o trabalho de três amigos, o texto final é o resultado de sugestões, comentários, críticas e contribuições de muitas pessoas que nos encorajaram em nosso trabalho conjunto.

Nós queremos agradecer a todos aqueles que nos ajudaram a reescrever o manuscrito ao lê-lo de forma crítica, ou ao usá-lo em suas aulas. São eles: Bob Antonelli, Judith Anne Beattie, Jane Bouvier, Steven Cribari, Agnes McNeill Donohue, James Duane, James Fee, George Fitzgerald, Stacy Hennessy, George Hunsinger, Ben Hunt, Ken e Penny Jameson, Matk Janus, Jay Kenney, Carol Knoll, Mary Meg McCarthy, Kay e Don McNeill, Melaine Morrison, Claude Pomerleau, John Roark, Jim e Mary Ann Roemer, Louis ter Steeg, Naomi Burton Stone, Reg e Ralph Weissert, Vivian Whitehead, Colin Williams e Gregory Youngchild.

Nós também queremos expressar nossa gratidão a Piet van Leeuwen e Mark Fedor por suas assistências no trabalho secretarial; e a Robert Moore, Joseph Núñez, Richard Schaper e Mark Zeman por suas colaborações editoriais durante as fases finais deste livro.

Para Robert Heller, da Doubleday, nós oferecemos os nossos agradecimentos por sua paciência e encorajamento durante os últimos cinco anos.

Finalmente, uma palavra especial de gratidão vai para John Mogabgab, que não só coordenou muito do nosso trabalho neste livro, como também por ter feito contribuições essenciais ao seu conteúdo e à sua forma.

Donald McNeill
Douglas Morrison
Henri Nouwen

Prefácio para a edição revisada

Compaixão, uma reflexão sobre a vida cristã foi um livro originalmente publicado em 1982 como um esforço colaborativo de três padres escritores: Donald P. McNeill, Douglas A. Morrison e Henri J.M. Nouwen. Apesar de o mundo ter mudado imensamente de 1982 até o presente, *Compaixão* continuou a dialogar com novas plateias em cada um desses vinte e dois anos decorridos. Este é um grande tributo a Henri Nouwen que, apesar de ter falecido antes dos outros autores, ainda vive em *Compaixão*, bem como em seus muitos livros.

Em sua memória, Don McNeill e Doug Morrison prepararam esta revisão limitada do texto original – uma revisão que se esforça especialmente em tornar *Compaixão* mais sensível ao gênero no modo como ele fala de Deus. Eles se sentiram encorajados a fazê-lo devido ao espírito de Henri Nouwen e pelos muitos leitores que expressaram o seu agradecimento por este tipo de sensibilidade.

Algumas das reflexões e das passagens escriturais permanecem com o modo masculino de se referir ao Pai, baseado na interpretação de um relacionamento familiar íntimo. Esta intenção é expressa de forma feliz pelo teólogo Gail O'Day, que escreve:

> Assim como é falso atribuir à riqueza da tradição cristã o uso da linguagem masculina para Pai como linguagem genérica para Deus, é igualmente falso para a tradição falar de Deus em termos genéricos que esvaziam a vitalidade e profundidade da linguagem e das metáforas bíblicas. Deus é Pai em João, e a tarefa da Igreja é superar a crença

de que "Pai" é simplesmente um sinônimo para Deus e descobrir que tipo de linguagem masculina em João pode contribuir para uma compreensão mais plena de Deus e da vida cristã.*

Doug e Don são gratos pela colaboração de Trace Murphy da Doubleday e de Jack Jezreel da JustFaith, bem como pela inspiração dos líderes da Sociedade Henri Nouwen. Além desses, agradecemos o trabalho de edição de Suzanna Kelly e Andrea Smith Shappell. Esperamos que as revisões ajudem todos os leitores a descobrirem de maneira nova a compaixão de nosso Deus amoroso. Os seus comentários e reações são bem-vindos.

---

* Gail R. O'Day, "John" em *Women´s Bible Commentary*, Carol A. Newsom e Sharon H. Ringe, editors (Louisville, KY: Westminster John Knox Press, 1998).

Prefácio

Este livro teve início num pequeno restaurante grego em Washington, D.C. Sentados no salão subterrâneo vazio e falando de nosso descontentamento com o individualismo e a aridez de nossas vidas acadêmicas na universidade católica de Notre Dame e em Yale, nós três nos pegamos rabiscando pequenas notas nos nossos guardanapos. Dessa vez, diferentemente de tantas outras, nossas reclamações não nos conduziram à apatia, mas a um plano de nos encontrar por nove Quintas-Feiras na capital para estudar e rezar em conjunto. Como professores de Teologia Pastoral e nos encontrando numa cidade onde se busca, se conquista e se exerce grande poder político, a questão de como viver compassivamente em nosso mundo se apresentava como a questão mais urgente dos nossos encontros.

Essas reflexões acerca da compaixão emergiram daqueles encontros das Quintas-Feiras. As primeiras formulações sobre qual poderia ser o sentido da compaixão em nossa sociedade nasceram do diálogo com aqueles que ocasionalmente convidávamos para se juntarem às nossas discussões: Walter Burkhardt, S.J., teólogo e membro do corpo docente da Universidade Católica; Parker Palmer, sociólogo da religião e Reitor de Estudos na comunidade Quaker, em Pendle Hill; Mike Heissler, estudante de medicina na Universidade George Washington; Patrick Leahy, Senador dos E.U.A. pelo estado de Vermont e sua esposa, Marcelle; o falecido Hubert Humphrey, Senador dos E.U.A. pelo estado de Minnesota; Betty

Caroll e Carol Coston, freiras que trabalham junto ao Center of Concern e junto à Network; Jim Wallis e Wes Michaelson, editores da *Sojourners*; e as Irmãs Menores de Jesus, que vivem, trabalham e oram como contemplativas no meio de Washington, D.C. Todos eles partilharam um tempo considerável conosco e nos ofereceram inúmeras ideias, sugestões e experiências que se tornaram o solo fértil de onde este livro cresceu.

Muitos anos se passaram desde a conclusão daqueles encontros. Esses foram anos de testes, reformulações e reavaliações de muitos dos nossos pensamentos originais. Agora que nos sentimos confiantes o suficiente para colocar nossas reflexões em forma de livro, nós gostaríamos de expressar o nosso sincero agradecimento a esses "pioneiros originais", sem os quais este livro jamais teria sido escrito. Assim como os pioneiros aqui dos Estados Unidos teriam dificuldade em reconhecer hoje o país que eles exploraram, os nossos amigos podem sentir dificuldade em discernir, nessas páginas, as perspectivas que eles próprios ofereceram. Porém, essas perspectivas aqui se encontram, e formam a espinha dorsal deste livro.

Nós também gostaríamos de expressar a nossa profunda gratidão ao médico paraguaio Dr. Joel Filártiga. Suas ilustrações poderosas, nascidas da tragédia em sua própria vida, adicionam a este livro uma dimensão que ultrapassa, e muito, tanto as nossas experiências quanto as nossas palavras. A história de Joel, que contaremos no epílogo, explica porque os seus desenhos se tornaram parte integral deste livro.

Introdução

A palavra *compaixão* geralmente desperta sentimentos positivos. Gostamos de imaginar que somos pessoas compassivas, basicamente boas, gentis e compreensivas. Nós, mais ou menos, imaginamos que a compaixão é uma resposta natural ao sofrimento humano. Quem não sentiria compaixão por um idoso pobre, uma criança com fome, um soldado paralítico, uma menina amedrontada? Parece quase impossível imaginar que a compaixão não esteja entre as nossas qualidades humanas mais autoevidentes. Nós não nos sentimos profundamente ofendidos quando alguém nos acusa de não possuir compaixão? Isso não soa como se nós fôssemos acusados de falta de humanidade? De fato, nós imediatamente identificamos ser compassivo com ser humano. Um ser humano sem compaixão parece tão inconcebível como um ser humano não humano.

Porém, se ser humano e ser compassivo são o mesmo, por que, então, a humanidade se encontra dilacerada pelo conflito, pela guerra, pelo ódio e pela opressão? Por que, então, existem tantas pessoas entre nós que sofrem com a fome, o frio e a falta de abrigo? Por que, então, diferenças de raça, sexo ou religião nos impedem de nos aproximar um dos outros e formar uma comunidade? Por que, então, existem milhões de seres humanos sofrendo de alienação, separação ou solidão? Por que, então, nós machucamos, torturamos e nos matamos? Por que, então, o nosso mundo se encontra em tal caos?

Perguntas como essas sugerem que nós devemos olhar de forma crítica para o nosso entendimento sobre compaixão. A palavra *compaixão* é derivada das palavras latinas *pati* e *cum*, que juntas significam "sofrer com". A compaixão nos pede para ir onde dói, para entrarmos nos locais do sofrimento, para partilhar a fragilidade, o medo, a confusão e a angústia. A compaixão nos desafia a pedir por aqueles na miséria, lamentar por aqueles que se encontram sozinhos, chorar com aqueles que choram. A compaixão exige que sejamos fracos com os fracos, vulneráveis com os vulneráveis, desempoderados com os desempoderados. Compaixão significa uma imersão total na condição de ser humano. Quando olhamos para a compaixão desta maneira, se torna claro que algo a mais do que ternura ou uma gentileza geral está envolvido. Não causa surpresa que compaixão, compreendida como um sofrer-com, frequentemente evoque, em nós, uma resistência profunda ou mesmo protesto. Nos inclinamos a dizer: "isso é autoflagelação, isso é masoquismo, isso é um interesse mórbido no sofrimento, isso é um desejo doentio". É importante que percebamos essa resistência e reconheçamos que o sofrimento não é algo que desejamos ou que nos atraia. Pelo contrário, é algo do qual queremos nos livrar a todo custo. Portanto, a compaixão não se encontra entre nossas respostas mais naturais. Somos seres que evitam a dor e consideramos aqueles atraídos pela dor como anormais, ou pelo menos muito pouco comuns.

A compaixão, por isso, não é um fenômeno tão natural como pode parecer à primeira vista. Não deveríamos, portanto, ficar surpresos ao descobrir que algumas pessoas afirmam sem hesitar que que uma sociedade compassiva é uma sociedade doente. Peregrine Worsthorne exprime este ponto de vista "incompassivo" quando ele escreve:

> Uma sociedade genuinamente compassiva, aquela que conseguiu atingir o ideal de realmente se colocar no lugar dos infelizes, logo irá perceber que ela marcha na direção de soluções coletivas, contrárias à liberdade individual... existe um perigo real e terrível das pessoas realmente começarem a se identificar com o mundo do sofrimento... nenhuma sociedade saudável deveria se permitir enxergar o mundo

pelos olhos dos infelizes, já que os infelizes não possuem nenhum interesse em perceber, para não dizer explorar, o valor supremo da civilização: a liberdade individual. De fato, sendo na maioria das vezes aqueles que não conseguiram fazer uso da liberdade, seja por causa do destino ou das circunstâncias... é possível que eles façam parte daquela parcela menos atraída por aquele ideal desafiador supremo (a liberdade individual) e os menos suscetíveis a todas as tentativas de derrubá-lo.[1]

Essas palavras provavelmente parecem muito duras, mas elas podem melhor representar o nosso modo de viver e agir do que estamos dispostos a confessar. Apesar de talvez não sermos tão ávidos como Peregrine Worsthorne em rejeitar a compaixão em nome da liberdade individual, não é improvável que nós estejamos, de fato, próximos da sua convicção básica de que a compaixão não pode e não deve se constituir na essência da motivação humana. Se de fato abrimos qualquer espaço para a compaixão em nossas preocupações diárias, consideramos tal espaço, no melhor dos casos, como estando na periferia dos nossos pensamentos e ações. Como Peregrine Worsthorne, nós também somos céticos em relação a um mundo governado pela compaixão. A ideia de um tal mundo nos parece inocente, romântica ou, pelo menos, irreal. Nós "sabemos" muito bem que a nossa civilização não sobreviverá se as decisões cruciais estiverem nas mãos de pessoas realmente compassivas. Para aqueles que não vivem no mundo dos sonhos e mantém os seus olhos abertos para os fatos da vida, a compaixão pode ser, no máximo, uma parte pequena e subserviente de nossa existência competitiva.

Essa perspectiva objetiva nos foi apresentada de forma clara nos estágios iniciais deste livro. Um dia, nós três visitamos o falecido senador Hubert Humphrey para lhe perguntar acerca da compaixão na

---

1 Worsthorne, Peregrine. "A Universe of Hospital Patients. Further Remarks on the British Condition", *Harpers* 251, November 1975, p. 38.

política. Nós havíamos tomado tal iniciativa por considerá-lo um dos seres humanos mais caridosos na arena política. O senador, que havia acabado de falar com o embaixador de Bangladesh e obviamente estava esperando uma reclamação, um pedido ou um elogio, ficou visivelmente balançado quando perguntado como ele se sentia acerca da compaixão na vida política. Instintivamente, ele deixou a sua enorme mesa de mogno, sobre a qual pairava o emblema que lembrava a todos que eles estavam falando com um ex-vice-presidente dos E.U.A., e se juntou a nós numa pequena mesa de café. Porém, após haver se adaptado a esta nova situação, ele retornou para a sua mesa, pegou um lápis comprido com uma pequena borracha na ponta e disse, com a sua famosa voz estridente: "cavalheiros, olhem este lápis. Assim como a borracha é somente uma parte muito pequena do lápis e só seja usada quando você comete um erro, a compaixão só é lembrada quando as coisas saem dos eixos. A parte principal da vida é competição; somente a borracha é compaixão. É triste dizer, cavalheiros, mas na política a compaixão é somente parte da competição".

A compaixão apaga os erros da vida, assim como a parte de borracha no final do lápis apaga os borrões no papel. Talvez seja assim que a maioria de nós sinta e pense quando somos honestos com nós mesmos. A compaixão não é nem a nossa preocupação central nem o nosso principal meio de enxergar a vida. O que realmente nos interessa é o sucesso, progredir, ser o primeiro, ser diferente. Nós queremos forjar as nossas identidades criando nichos na vida, de onde podemos manter uma distância segura dos outros. Não aspiramos sofrer com os outros. Pelo contrário, nós desenvolvemos métodos e técnicas que nos permitem nos distanciar da dor. Hospitais e capelas funerárias geralmente se tornam locais para esconder os doentes e mortos. O sofrimento é pouco atraente, para não dizer repelente e repulsivo. Quanto menos formos expostos a ele, melhor. Esta é a nossa atitude mais comum, e neste contexto, a compaixão não significa nada mais do que aquela ponta de borracha macia no final de um longo e duro lápis. Ser compassivo, então, significa ser amável e gentil com aqueles que são maltratados pela competitividade. Um mineiro preso no subsolo evoca compaixão; um estudante que entra em crise devido à pressão das provas evoca compaixão; uma mãe vivendo do seguro-desemprego, que não possui nem comida nem roupas suficientes para as suas crianças evoca compaixão; uma idosa morrendo solitariamente no anonimato de uma cidade grande evoca compaixão. Mas a nossa baliza de referência primária continua sendo a competição. Afinal de contas, nós precisamos de carvão e de intelectuais, e todos os sistemas possuem seus próprios defeitos!

Desse modo, aquilo que à primeira vista parecia ser uma virtude natural humana se revela muito menos do que imaginávamos. E onde isto nos coloca? Bem, é exatamente este local ambíguo da compaixão em nossas vidas que justifica tanto a razão deste livro quanto o seu ponto de partida. Devemos simplesmente reconhecer que somos mais competitivos do que compassivos, e tentar tirar proveito ao máximo disto com uma "saudável dose de ceticismo"? Será que o melhor conselho que podemos dar ao próximo é que devemos tentar viver de tal modo que nos magoemos o menos possível? Será que o nosso ideal supremo deveria ser "um máximo de satisfação com um mínimo de dor"?

Este livro responde com um *Não* à todas essas perguntas, e sugere que, de modo a compreender o papel da compaixão em nossas vidas, devemos olhar numa direção radicalmente diferente. A perspectiva apresentada aqui é baseada nas palavras de Jesus, "sede misericordioso como vosso Pai é misericordioso" (Lc 6,36)*, e esta perspectiva é apresentada com a convicção profunda de que, através

---

* Aqui o leitor de língua inglesa lê "compassivo" por causa da tradução do texto bíblico em língua inglesa. Para nós, em português, o texto bíblico lê "misericordioso". Apesar da diferença semântica, por motivos de consistência, ao longo do texto reproduziremos fielmente a tradução do texto bíblico da "Bíblia de Jerusalém" (Edições Paulinas, edição revista, 1985), não obstante as pequenas discrepâncias em relação ao texto original em inglês.

da compaixão, a nossa humanidade atinge a sua plenitude. Isto não é dito de forma leviana. É dito após anos discutindo, lendo, escrevendo e passando por muitas outras – por vezes dolorosas – experiências. Houve momentos em que fomos tentados a abandonar este projeto e seguir com outros temas mais fáceis. Mas a cada vez que nos deparávamos com tal tentação, nós percebíamos que estávamos duvidando do valor do nosso comprometimento com Cristo. À medida que a chamada para a compaixão lentamente se revelava como o ponto central da vida cristã, o pensamento de ignorar tal chamado – mesmo que de forma escrita – parecia de modo cada vez mais claro ser uma recusa em encarar diretamente o desafio radical da nossa fé.

Na primeira fase do nosso trabalho em conjunto, nós discutimos a vida, a obra e as ações de Jesus Cristo a partir do pressuposto de que todas as pessoas possuem um desejo natural de serem compassivas. Desde aqueles dias, entretanto, nós nos tornamos menos otimistas e, espera-se, mais realistas. Acontecimentos nacionais e internacionais, um estudo mais aprofundado das Escrituras, e as muitas reações críticas de amigos nos tornaram menos confiantes acerca das nossas "tendências compassivas" e mais conscientes da natureza radical do mandamento de Jesus para que sejamos misericordiosos como o nosso Deus amoroso é misericordioso. Este mandamento não reforça o óbvio, algo que já desejávamos, mas havíamos esquecido, uma ideia de acordo com as nossas aspirações naturais. Pelo contrário, é um chamado que vai contra a corrente; que nos redireciona completamente e exige uma conversão total do coração e da mente. É, na realidade, um chamamento radical, um chamamento que se dirige às raízes das nossas vidas.

Aquela consciência cada vez maior da natureza radical do chamado de Cristo à compaixão determinou a organização deste livro. Nós queremos falar, em primeiro lugar, acerca do Deus compassivo que nos é revelado em Jesus Cristo, na medida em que a compaixão do próprio Deus é a base e o fundamento da nossa compaixão.

Em segundo lugar, nós queremos explorar o que significa viver uma vida compassiva como seguidores de Cristo, pois é somente no discipulado que podemos começar a entender o chamado para sermos misericordiosos como nosso Deus amoroso também é. Finalmente, queremos discutir o caminho compassivo da oração e da ação, já que é através dessas disciplinas, que guiam a nossa relação com Deus e com os nossos companheiros humanos, que a compaixão de Deus pode se manifestar. Se aqueles que lerem este livro – sejam quais forem as suas vocações particulares na vida – sentirem que conseguiram aprofundar a sua consciência da presença de um Deus compassivo no meio de um mundo pouco compassivo, já seremos enormemente gratos.

Parte Um

O Deus compassivo

1

Deus conosco

Em solidariedade

Deus é um Deus compassivo. Isto significa, em primeiro lugar, que o nosso Deus escolheu ser Deus conosco. Para ser capaz de conhecer e melhor sentir esta solidariedade divina, exploremos a experiência de alguém existindo verdadeiramente conosco.

Quando recebemos verdadeiro conforto e consolo? É quando alguém nos ensina a pensar e agir? É quando recebemos conselhos sobre onde ir ou o que fazer? É quando escutamos palavras que nos reconfortam e nos dão esperança? Às vezes, talvez. Mas o que realmente importa é que em momentos de dor e sofrimento alguém fique conosco. Mais importante do que qualquer ação em particular, ou aconselhamento, é a simples presença de alguém que se importa. Quando alguém nos diz, no meio de uma crise: "eu não sei o que dizer ou o que fazer, mas eu quero que você saiba que eu estou com você, que eu não vou deixar você sozinho", nós temos um amigo com quem podemos encontrar consolo e conforto. Numa época tão cheia de métodos e técnicas desenvolvidas para modificar as pessoas, para influenciar o seu comportamento e para fazê-las realizar coisas novas e pensar coisas novas, nós perdemos a dádiva simples, porém preciosa, de estar presente para com os outros. Nós perdemos essa dádiva porque fomos levados a crer que a presença deve ser útil. Nós dizemos: "por que eu visitaria esta pessoa? Eu não posso fazer nada mesmo. Eu nem mesmo tenho algo a dizer. De que valia eu seria"? Porém, nós esquecemos que é geralmente na presença "inútil", despretensiosa, humilde com os outros que sentimos consolo e conforto. Simplesmente estar com alguém é difícil porque isto exige de nós que partilhemos a vulnerabilidade do outro, que penetremos com ele ou com ela na experiência de fraqueza e falta de forças, que nos tornemos parte da incerteza e desistamos do controle e da autodeterminação. Mesmo assim, sempre que isso ocorre, uma nova força e uma nova esperança nascem. Aquelas pessoas que nos oferecem conforto e consolo, simplesmente ao estar e permanecer conosco em momentos de doença, angústia mental ou escuridão espiritual, geralmente se tornam tão próximas a nós como aquelas com quem temos laços biológicos. Elas mostram solidariedade conosco ao voluntariamente entrar nos espaços escuros e não mapeados das nossas vidas. Por este motivo, são elas que nos trazem nova esperança e nos ajudam a descobrir novas direções.

Essas reflexões oferecem somente um fragmento daquilo que queremos dizer quando dizemos que Deus é um Deus conosco, um Deus que veio para partilhar de nossas vidas em solidariedade. Isso não significa que Deus resolva os nossos problemas, nos mostre o caminho para fora da confusão ou ofereça respostas para as nossas muitas perguntas. Deus pode muito bem fazer tudo isso, mas a solidariedade de Deus se consiste no fato de que Deus está disposto a entrar conosco nos nossos problemas, nas nossas confusões e perguntas.

Esta é a boa-nova de Deus assumir a carne humana. O evangelista Mateus, após descrever o nascimento de Jesus, escreve: "tudo isso aconteceu para que se cumprisse o que o Senhor havia dito pelo profeta: eis que a virgem conceberá e dará à luz um filho e o chamarão com o nome de Emanuel, o que traduzido significa 'Deus está conosco'" (Mt 1,22-23).

Assim que chamamos Deus, "Deus conosco", nós entramos numa nova relação de intimidade. Ao chamar Deus de Emanuel, nós reconhecemos o compromisso de Deus de viver em solidariedade conosco, para partilhar as nossas alegrias e dores, para nos defender e proteger, e para sofrer por toda a vida conosco. O Deus conosco é um Deus próximo, um Deus que podemos chamar de nosso refúgio, nossa fortaleza, nossa sabedoria e, mesmo de forma mais íntima, nosso auxílio, nosso pastor, nosso amor. Nós jamais conheceremos de verdade Deus como um Deus compassivo se nós não entendermos com o nosso coração e a nossa mente que "e o Verbo se faz carne, e habitou entre nós" (Jo 1,14) NVPR [Nova Versão Padrão Revisada].

Nós frequentemente dizemos para os outros de forma amarga: "você não sabe do que está falando porque não aderiu à marcha de protesto, não participou da greve e nem sentiu o ódio daqueles presentes, porque você nunca passou fome, frio, nem nunca se sentiu realmente isolado". Quando nós dizemos essas coisas, estamos expressando a convicção profunda de que estamos dispostos a ouvir palavras de consolo somente quando elas nascem da solidariedade com a nossa condição atual ou passada. Deus quer conhecer a nossa condição completamente e não quer retirar nenhuma dor que o próprio Deus não tenha experimentado. A compaixão de Deus está ancorada na mais íntima solidariedade, uma solidariedade que nos permite dizer com o autor do salmo: "sim, é ele o nosso Deus, e nós o povo do seu pasto, o rebanho de sua mão" (Sl 95,7).

Com as suas entranhas

Como podemos saber se isso nada mais é do que uma bela ideia? Como podemos saber se Deus é o nosso Deus, e não um estranho, um forasteiro, um transeunte?

Nós sabemos porque em Jesus, a compaixão de Deus se torna visível para nós. Jesus não disse somente "sede misericordioso como vosso Pai é misericordioso"; ele foi a encarnação concreta dessa compaixão divina no nosso mundo. A reação de Jesus ao ignorante, àquele que tem fome, ao cego, aos leprosos, às viúvas e a todos aqueles que vieram a ele com os seus sofrimentos, fluiu da compaixão divina que levou Deus a se tornar um de nós. Nós devemos prestar muita atenção às palavras e ações de Jesus se quisermos intuir o mistério desta compaixão divina. Nós não compreenderemos as muitas histórias miraculosas nos Evangelhos se nós ficarmos simplesmente impressionados pelo fato de que pessoas doentes e atormentadas foram libertadas de suas dores. Se essa fosse, de fato, a mensagem central dessas histórias, um cínico poderia corretamente afirmar que a maior parte das pessoas na época em que Cristo viveu não foram curadas, e se sentiram ainda pior por causa daquelas que foram. O que importa aqui não é a cura dos doentes, mas a compaixão profunda que levou Jesus a curá-los.

Há uma bela expressão nos Evangelhos que só aparece doze vezes e é usada exclusivamente para Jesus e o Pai. A expressão é: "movido pela compaixão". O verbo Grego *splangchnizomai* nos revela o significado profundo e poderoso desta expressão. As *splangchna* são as tripas do corpo ou, como poderíamos dizer, as entranhas. É lá que estão localizadas as nossas emoções mais íntimas e intensas. As entranhas são o centro de onde tanto o amor passional como o ódio visceral surgem. Quando os Evangelhos falam sobre a compaixão de Jesus como sendo oriunda das entranhas, eles estão falando de algo muito profundo e misterioso. A compaixão que Jesus sentiu foi algo obviamente muito diferente das sensações superficiais e corriqueiras da dor e da simpatia. Antes, ela se estendia às partes mais vulneráveis do ser de Jesus. Ela é aparentada com a palavra hebraica para compaixão, *rachamim*, que se refere ao útero de Yaweh. Na verdade, a compaixão é uma emoção tão profunda, central e poderosa em

Jesus, que ela só pode ser descrita como um movimento do útero de Deus. Lá, se encontra escondida toda a suavidade e gentileza divina. Lá, Deus é Pai e Mãe, irmão e irmã. Lá, todos os sentimentos, emoções e paixões se encontram reunidas no amor divino.

Este é o mistério da compaixão de Deus, na medida em que ela se torna visível nas histórias de cura do Novo Testamento. Quando Jesus viu a multidão oprimida e deprimida, como ovelhas sem um pastor, ele sentiu com eles no centro do seu ser (Mt 9,36). Quando Jesus viu os cegos, os paralíticos e os surdos sendo trazidos a ele de todas as direções, ele tremeu internamente e experimentou as suas dores em seu próprio coração (Mt 14,14). Quando ele percebeu que os milhares que o seguiam havia dias, estavam com fome e cansados, Jesus disse: "tenho compaixão da multidão" (Mc 8,2). E assim foi com os dois cegos que o procuraram (Mt 9,27), com o leproso que caiu aos seus pés em sua frente (Mc 1,41) e com a viúva de Nain que estava enterrando o seu filho único (Lc 7,13). Eles emocionavam Jesus, eles faziam com que ele sentisse, com toda a sua sensibilidade, o tamanho da dor daqueles. Ele se perdeu com os perdidos, sentiu fome com os famintos, adoeceu com os doentes. Em Jesus, todo sofrimento foi sentido com uma perfeita sensibilidade. O grande mistério que nos é revelado nisso, é que Jesus, que é o filho sem pecado de Deus, escolheu de modo completamente deliberado sofrer integralmente as nossas dores e, assim, nos deixar descobrir a verdadeira natureza das nossas paixões. Nele, nos enxergamos e experimentamos as pessoas que nós, na verdade, somos. Jesus, que é divino, vive a nossa humanidade ferida não como uma maldição (Gn 3,14-19), mas como uma bênção. A sua compaixão divina torna possível que encaremos os nossos egos pecadores, porque ela transforma a nossa condição humana ferida, de causa de desespero, em uma fonte de esperança.

É isso que queremos dizer quando dizemos que Jesus Cristo revela a solidariedade de Deus conosco. Em e através de Jesus Cristo nós ficamos sabendo que Deus é nosso Deus, um Deus que experimentou a nossa fraqueza, que se tornou pecado para nós (2Cor 5,21). Deus abraçou tudo aquilo que é humano com compaixão e suavidade infinita.

Em direção à nova vida

Mas, e as curas? Os cegos não enxergaram? Os leprosos não se purificaram? Os paralíticos não voltaram a caminhar e a viúva não viu o seu filho voltar à vida? Não é isso que conta? Não é isso que prova que Deus é Deus e que ele realmente nos ama? Sejamos bem cuidadosos com o nosso pragmatismo. Foi por causa da sua compaixão que as curas de Jesus aconteceram. Ele não curou para provar, para impressionar ou para convencer. Suas curas foram a expressão natural dele ser o nosso Deus. Da sua solidariedade divina vem uma nova vida. Jesus se emocionando no centro do seu ser pela dor humana é, de fato, um movimento em direção à nova vida. Deus é o nosso Deus, o Deus dos vivos. No útero divino de Deus, a vida sempre renasce. O grande mistério não são as curas, mas a compaixão infinita que é a fonte daquelas.

Nós sabemos muito bem o que significa quando as curas são feitas sem compaixão. Nós podemos ver homens e mulheres que puderam caminhar de novo, ver novamente, falar de novo, mas cujos corações permanecem escuros e amargos. Nós sabemos muito bem que curas que não nasceram do cuidado são curas falsas, que conduzem às trevas, e não à luz. Não nos deixemos enganar com um atalho para a nova vida. As muitas curas de Jesus registradas nos Evangelhos não podem ser separadas do seu estar conosco. Elas são testemunho da fecundidade infinita da compaixão divina de Jesus, e nos mostram os belos frutos da sua solidariedade com a nossa condição. A verdadeira boa-nova é que Deus não é um Deus distante, um Deus para ser temido e evitado, um Deus da vingança, mas um Deus que é movido pelas nossas dores e que participa na totalidade das labutas humanas. As curas miraculosas nos Evangelhos são lembretes esperançosos e alegres desta boa-nova, que é o nosso verdadeiro consolo e conforto.

Nossos egos competitivos

Quando olhamos de forma crítica para nós mesmos, nós temos que reconhecer que a competição, e não a compaixão, é a nossa maior motivação na vida. Nós nos encontramos profundamente imersos em todas as formas de competição. Todo o nosso sentido de ego depende do modo como nos comparamos com os outros e pelas diferenças que podemos identificar em relação àqueles. Quando a pergunta "quem sou eu?" é colocada para os poderes desse mundo – comunidade escolar, representantes das igrejas, aconselhamento vocacional, coordenação de esportes, gerentes de fábrica, anunciantes na TV e no rádio – a resposta é simplesmente "você é a diferença que você pode realizar". É por causa de nossas diferenças e traços característicos que somos reconhecidos, honrados, rejeitados ou desprezados. Quer sejamos mais ou menos inteligente, práticos, fortes, rápidos, habilidosos, ou bonitos, tudo isso depende de com quem somos comparados ou com aqueles contra quem competimos. É baseado nessas distinções negativas e positivas que muito da nossa autoestima depende. Não é necessária muita reflexão para compreender que em todos os problemas familiares, conflitos raciais, confrontos de classes sociais e disputas nacionais e internacionais, essas diferenças reais ou imaginárias desempenham um papel central. Na verdade, nós investimos muito da nossa energia em defender as diferenças entre as pessoas e os grupos de pessoas. Desse modo, nós nos definimos de maneiras que exigem que mantenhamos distância um do outro. Somos muito protetores dos nossos "troféus". Afinal de contas, quem somos nós se não pudermos apontar orgulhosamente para algo especial que nos diferencia dos outros?

Essa competição onipresente, que alcança até mesmo os menores espaços dos nossos relacionamentos, impede que entremos numa relação realmente solidária uns com os outros, e dificulta o nosso ser compassivo. Nós preferimos manter a solidariedade na periferia de nossas vidas competitivas. Ser compassivo exigiria desistir das linhas divisórias e o abandono das diferenças e distinções. E isso significaria a perda de nossas identidades! Isso torna claro porque o chamado para ser compassivo é tão assustador e provoca uma resistência tão grande.

Este medo, que é bastante real e influencia muito do nosso comportamento, trai as nossas ilusões mais profundas: a de que podemos moldar nossas próprias identidades; que nós somos determinados pelas impressões coletivas das nossas circunstâncias; que nós somos os troféus e prêmios que ganhamos. Esta, na realidade, é a nossa maior ilusão. Ela nos transforma em pessoas competitivas, que compulsivamente se apegam às nossas diferenças e as defendem a todo custo, chegando mesmo à violência.

Um novo ego

A compaixão que Jesus mostrou nos desafia a desistir do nosso apego temeroso e a penetrar, com ele, na vida sem medo de Deus. Ao dizer "sede misericordioso como o seu Deus amoroso o é", Jesus nos convida a ser tão próximo do outro como Deus é próximo de nós. Ele até mesmo nos pede para amarmos uns aos outros com a própria compaixão de Deus. Uma compaixão divina é uma compaixão sem o menor traço de competição. Portanto, somente Deus pode ser totalmente compassivo, porque somente Deus não está competindo conosco. O paradoxo da compaixão de Deus é que Deus pode ser compassivo porque ele é completamente "o Outro", diferente, em relação a nós. Porque ele é completamente "o Outro", ele pode se tornar completamente em quem somos nós. Deus pode se tornar tão profundamente humano porque ele é tão profundamente divino. Resumindo, Deus pode ser tão completamente compassivo porque não pode haver competição conosco e, por isso, Deus de forma alguma compete conosco.

O mandamento de Jesus para sermos tão misericordiosos como o nosso Deus amoroso, é um mandamento para participarmos na compaixão de nosso Deus criador. Jesus exige que nos desmascaremos da ilusão da nossa competitividade egocêntrica, que desistamos das nossas distinções imaginárias como fonte de nossas identidades, e que assumamos totalmente a nossa intimidade com Deus. Este é o mistério da vida cristã: receber um novo ego, uma nova identidade, que não depende daquilo que possamos atingir, mas daquilo que estamos dispostos a receber. Esse novo ego é a nossa participação na vida divina em e através de Cristo. Jesus quer que pertençamos a Deus como ele pertence a Deus; que sejamos como crianças de Deus como ele é uma criança de Deus; ele quer que abandonemos a nossa antiga vida, tão cheia de medos e dúvidas, e que recebamos a nova vida, a vida de Deus. Em e através de Cristo nós recebemos uma nova identidade que nos permite dizer: "eu não sou o valor que consigo através da competição, mas o amor que recebi gratuitamente de Deus". Isso nos permite dizer com Paulo: "já não sou eu que vivo, mas é Cristo que vive em mim" (Gl 2,20).

Este novo ego, o ego de Jesus Cristo, torna possível que sejamos tão compassivos como o nosso Deus amoroso é compassivo. Através da união com Deus, somos alçados para além de nossa competitividade de uns com os outros, em direção à totalidade divina. Ao partilhar da totalidade daquele com quem não pode haver competição, podemos inaugurar relacionamentos novos, compassivos, uns com os outros. Ao aceitar as nossas identidades daquele que é o doador de toda vida, podemos estar com os outros sem distância ou medo. Essa nova identidade, livre da cobiça e do desejo de poder, nos permite entrar de forma tão integral e incondicional nos sofrimentos dos outros que se torna possível, para nós, curar os doentes e trazer os mortos à vida. Quando partilhamos da compaixão divina, um modo completamente novo de viver se abre para nós, um modo de vida que podemos perceber nas vidas dos Apóstolos e nas vidas daqueles grandes cristãos que deram testemunho de Cristo através dos séculos. Esta compaixão divina não é, como a nossa própria compaixão fabricada, parte da competição. Antes, significa a expressão de um novo modo de vida no qual as comparações, rivalidades e competições interpessoais são progressivamente abandonadas.

Paulo nos dá um belo exemplo desta compaixão recém-adquirida na sua epístola aos Filipenses. Lá, ele escreve: "Deus me é testemunha de que eu vos amo a todos com a ternura (*splangchna*) de Cristo Jesus" (Fl 1,8). Paulo sente por seu povo com a mesma intensidade divina que Jesus sentiu por aqueles que o procuravam com as suas dores. O mistério é que Paulo ama o povo de Deus com a intimidade divina. A sua compaixão é, portanto, muito mais do que meramente simpatia ou apego emocional. É a expressão do seu novo ser em Cristo. Em Cristo, Paulo se tornou capaz da compaixão profundamente sublime de Deus, que tudo abraça. Por isso ele diz: "eu vos amo com a *splangchna* de Cristo", isto é, com a mais íntima interioridade divina do próprio Cristo. A nova vida de Paulo em Cristo, através da qual ele foi alçado acima das rivalidades e competição, lhe permitiu estender a compaixão divina ao seu povo. Isso nos revela o grande mistério do ministério de Paulo. Ele tocou as pessoas com a compaixão de Deus, uma compaixão tão profunda e tão plena que ela não poderia deixar de dar frutos. Este também é o mistério de nosso novo modo de estar juntos. Se tornou possível estar juntos em compaixão porque nos foi dada uma parte da compaixão de Deus. Nessa e através dessa compaixão, nós podemos começar a viver em solidariedade uns com os outros tão plena e intimamente como Deus vive conosco.

2

Deus servo

Jesus esvaziou a si mesmo

A compaixão de Deus não é alguma coisa abstrata ou indefinida, mas um gesto concreto e específico no qual Deus procura se aproximar de nós. De nós, que clamamos das profundezas da nossa imperfeição por uma mão que nos toque, um braço que nos abrace, lábios que nos beijem, uma palavra que nos comunique algo aqui e agora, e um coração que não tema os nossos medos e temores; de nós, que sentimos nossa própria dor como nenhum outro ser humano consegue, conseguiu ou conseguirá, e que estamos sempre esperando por alguém que ouse se aproximar – de nós uma pessoa se aproximou que poderia realmente afirmar, "eu estou com vocês". Jesus Cristo, que é Deus conosco, se aproximou de nós com a liberdade do amor, ele que não precisava experimentar a nossa condição humana, mas que preferiu fazê-lo de forma voluntária por amor.

Este mistério de Deus conosco em Jesus Cristo não pode ser entendido. Mas nós podemos e devemos penetrar naquele mistério de forma humilde e reverente, para lá descobrir a fonte do nosso conforto e consolo. Quando Jesus não mais estava com os seus discípulos, novas palavras foram encontradas pela comunidade cristã primitiva para expressar o mistério da compaixão de Deus. Dentre as mais profundas e belas dessas expressões, se encontra o Hino de Cristo que Paulo utiliza na sua carta aos Filipenses:

> Ele tinha a condição divina,
> e não considerou o ser igual a Deus
> como algo a se apegar ciosamente.
> mas esvaziou-se de si mesmo,
> e assumiu a condição de servo,
> tomando a semelhança humana,
> e, achado em figura de homem,
> humilhou-se e foi obediente até a
> morte, e morte de cruz!
>
> (Fl 2,6-8)

Aqui nós vemos que o Deus compassivo que nos foi revelado em Jesus Cristo é o Deus que se tornou um servo. Nosso Deus é um Deus servo. É difícil para nós compreendermos que nós somos libertados por alguém que se tornou sem poder, que nós somos fortalecidos por alguém que se tornou fraco, que descobrimos uma nova esperança em alguém que se livrou de toda nobreza, e que nós encontramos um líder em alguém que se tornou um servo. Isto se encontra além do nosso entendimento intelectual e afetivo. Nós esperamos a libertação vinda de alguém que não se encontre aprisionado como nós, saúde de alguém que não esteja doente como nós, e orientações de alguém que não esteja tão perdido e confuso como nós estamos.

Mas dizem que Jesus se esvaziou a si mesmo e assumiu a condição de escravo. Ser um escravo significa estar sujeito não só aos poderes humanos, mas também aos poderes sobre-humanos. É a condição de desempoderamento na qual uma pessoa se sente vitimizada por acontecimentos incontroláveis, influências anônimas e agentes caprichosos que cercam e enganam a compreensão e o controle de alguém. Na cultura na qual o Evangelho foi primeiramente proclamado, esses poderes eram vistos como deuses antagônicos e cruéis. Nos nossos dias esses poderes não são mais personalizados, porém continuam bastante reais e não menos apavorantes. Ogivas e usinas nucleares, milhões de pessoas famintas e à morte, centros de tortura e enormes crueldades, o aumento dos roubos e estupros, tramas sórdidas e sádicas, tudo isto nos dá a sensação de estarmos cercados por uma rede de forças misteriosas que pode nos destruir a qualquer dia e hora. A consciência de que dificilmente temos qualquer tipo de controle sobre o nosso modo de vida e trabalho, e a sensação de que a qualquer momento algo pode acontecer que destrua completamente a nossa vida, saúde ou felicidade, pode nos encher de um medo e uma tristeza profundos.

É surpreendente, então, que, dada a nossa condição, olhemos para além das nossas circunstâncias apavorantes, para além do aqui e agora, para algo ou alguém "acima" que nos liberte desta escravidão? Nos dias de Jesus, assim como nos nossos, nós buscamos com enorme interesse por algo incomum, anormal e espetacular que possa nos retirar da nossa miséria e nos transportar para uma esfera onde nós estejamos à uma distância segura de um mundo que ameaça nos engolir.

Ele era ainda mais humilde

Mas não dizem que Jesus se curvou do alto para nos retirar da escravidão, antes, que ele se tornou um escravo conosco. A compaixão de Deus é a compaixão que se revela na servidão. Jesus se tornou sujeito aos mesmos poderes e influências que nos dominam, e sofreu nossos medos, incertezas e ansiedades conosco. Jesus se esvaziou de si mesmo. Ele desistiu da sua posição privilegiada, uma posição de majestade e poder, e assumiu de forma completa e sem reservas uma posição de total dependência. O hino de Paulo para Cristo não nos pede para olhar para o alto, para longe da nossa condição, mas para o nosso meio e, lá, descobrir Deus.

Porém, isto não é tudo. "Sendo como nós, ele era ainda mais humilde, chegando mesmo a aceitar a morte, e uma morte na cruz". Aqui é anunciada a essência da compaixão de Deus. Não só Jesus sentiu na pele a condição dependente e amedrontada de ser humano, como também experimentou a forma mais horrível e desprezível de morte – a morte na cruz. Jesus não se tornou simplesmente humano; ele se tornou humano na condição mais abjeta e revoltante. Ele não só conheceu as incertezas e medos humanos, como também experimentou a dor, a agonia e a degradação completa da tortura sangrenta e a morte de um criminoso condenado. Na sua humilhação, Jesus teve a oportunidade de viver totalmente as implicações de se esvaziar a si mesmo para estar conosco em compaixão. Ele não só sofreu a nossa dolorosa condição humana em toda a sua concretude, como ele também sofreu a morte conosco numa de suas maneiras mais brutais, horríveis e degradantes. Foi uma morte que nós, seres humanos "normais", dificilmente estaríamos dispostos a escolher.

Nas histórias das curas de Jesus no Evangelho, nós sentimos o quanto Deus deseja estar próximo daqueles que sofrem. Mas agora podemos ver o preço que Deus está disposto a pagar por esta intimidade. É o preço da servidão última, o preço de se tornar um escravo, totalmente dependente de forças estranhas, cruéis e alheias. Nós naturalmente nos rebelamos contra este caminho de autoesvaziamento e humilhação. Nós com certeza apreciamos as pessoas que tentam nos entender. Nós somos, inclusive, gratos por aqueles que se solidarizam conosco. Mas nós suspeitamos quando alguém escolhe se submeter a dor que evitaríamos a todo custo. Nós compreendemos a solidariedade condicional, mas nós não compreendemos a solidariedade sem limites.

A força para baixo

A compaixão de Jesus é caracterizada por uma força para baixo. É isso que nos incomoda. Nós não conseguimos sequer nos imaginar em outra condição que não a de uma força para cima, uma mobilidade ascendente na qual nos esforçamos por vidas melhores, salários mais altos e posições de mais prestígio. Ao invés de se esforçar por uma posição mais elevada, mais poder, e mais influência, Jesus se dirige, como afirma Karl Barth, "das alturas às profundezas, da vitória à derrota, da riqueza à pobreza, do triunfo ao sofrimento, da vida à morte".[2] Toda a vida e missão de Jesus envolvem aceitar a falta de poder e revelar, nessa falta de poder, o amor ilimitado de Deus. Aqui podemos enxergar o que significa a compaixão. Não é se curvar em direção aos desprivilegiados a partir de uma posição de privilégio; não é procurar alcançar, lá do alto, àqueles menos favorecidos abaixo; não é um gesto de simpatia ou piedade para com aqueles que não conseguem alcançar o topo com aquela força para ascender. Pelo contrário, compaixão significa se dirigir diretamente àquelas pessoas e locais onde o sofrimento é mais agudo e lá construir a sua morada. A compaixão de Deus é total, absoluta, incondicional, sem reservas. É a compaixão daquele que continua a se dirigir aos rincões mais esquecidos do mundo, e que não consegue descansar enquanto existirem seres humanos com lágrimas nos olhos. É a compaixão de um Deus que não age meramente como um servo, mas que expressa a divindade de Deus através da servidão.

A revelação do amor divino por nós ao se aproximar de nós como um servo é completamente revelada no hino ao Cristo. O grande mistério da compaixão de Deus é que nessa compaixão, e ao entrar conosco na condição de escravo, Deus foi revelado a nós. Se tornar um servo não é uma crítica ao Divino. O autoesvaziamento e a humilhação não significam um afastamento da verdadeira natu-

---

2 Barth, Karl. *Church Dogmatics*, IV/1 (Edimburgh: T. & T. Clark, Sons, 1956), p. 190.

reza de Deus. Se tornar como um de nós e morrer numa cruz não implica uma interrupção temporária da própria existência divina de Deus. Antes, num Cristo esvaziado e humilhado encontramos Deus, podemos ver quem Deus realmente é, nós compreendemos a verdadeira divindade. É exatamente porque Deus é Deus que a divindade de Deus pode nos ser revelada na forma de um servo. Como Karl Barth afirma: "Deus não precisa se desonrar quando ele busca terras longínquas e esconde a sua glória. Pois ele é de fato honrado em seu velamento. Este velamento, e portanto a sua con-descendência – o seu descer até nós – enquanto tal, é a imagem e o reflexo no qual podemos vê-lo como ele realmente é".[3] Na servidão, Deus não se torna desfigurado, não assume nenhuma característica alheia, Deus não age contra ou apesar da sua natureza divina. Pelo contrário, é nesta servidão que Deus é revelado para nós. Por isso, podemos dizer que esta força para baixo não significa um movimento de distanciamento de Deus, mas um movimento em direção a Deus: um Deus para nós que não veio para reinar, e sim para servir. Isso implica, de forma muito específica, que Deus só deseja ser conhecido através da servidão e que, por isso mesmo, a servidão é a autorrevelação de Deus.

No caminho dele

Aqui, uma nova dimensão de nosso chamado à compaixão se torna aparente. Se a compaixão de Deus se revela neste caminho de Jesus Cristo para baixo, então a nossa compaixão em relação ao próximo implica seguir o caminho dele, e participar neste movimento de autoesvaziamento e humilhação. Há pouca dúvida que os discípulos de Jesus compreenderam os seus chamamentos como um chamamento para fazer com que a compaixão de Deus se tornasse

---

3 Ibid., p. 188.

presente no mundo ao buscarem, como Jesus, as posições de servidão. Pedro escreve: "revesti-vos todos de humildade em vossas relações mútuas". Dessa maneira ele ecoa os muitos convites de Jesus para que o sigamos neste caminho de humildade: "pois todo aquele que se exalta será humilhado, e quem se humilha será exaltado" (Lc 14,11) NVPR. "Pois aquele que quiser salvar a sua vida, irá perdê-la; mas, o que perder a sua vida por causa de mim e do Evangelho, irá salvá-la" (Mc 8,35) NVPR. "Aquele, portanto, que se tornar pequenino como esta criança, esse é o maior no Reino dos Céus" (Mt 18,4) NVPR. "Se alguém quiser vir após mim, negue-se a si mesmo, tome a sua cruz e siga-me" (Mc 8,34) NVPR. "Bem-aventurados os pobres de espírito...os aflitos... os que têm fome... os que são perseguidos" (Mt 5,3-10) NVPR. "Amai os vossos inimigos e orai pelos que vos perseguem". (Mt 5,44) NVPR.

Este é o caminho de Jesus e o caminho para o qual ele chamou os seus discípulos. É o caminho que, num primeiro momento, nos assusta ou, pelo menos, nos embaraça. Quem deseja ser humilde? Quem deseja ser o último? Quem deseja ser como uma criança pequena, sem poder? Quem deseja perder a sua vida, ser pobre, aflito e faminto? Tudo isto parece ser contrário às nossas inclinações naturais. Mas uma vez que vejamos que Jesus nos revela, na sua radical força para baixo, a natureza compassiva de Deus, nós começamos a entender que seguir Jesus significa participar da autorrevelação ininterrupta de Deus. Ao partirmos com Jesus pelo caminho da cruz, nos tornarmos pessoas em cujas vidas a presença compassiva de Deus pode se manifestar neste mundo. Como observa Barth, o que não parecia natural na perspectiva do mundo, se torna natural para o seguidor de Cristo.[4] Assim como na servidão de Cristo a natureza de Deus se torna evidente, da mesma maneira para aqueles que desejam proclamar a presença de Deus no mundo a servidão se

---

4 Ibid., p. 191.

torna a resposta natural. Nesse sentido, Paulo pode dizer aos Colossenses: "agora eu me regozijo nos meus sofrimentos por vós, e completo, na minha carne, o que falta das tribulações de Cristo pelo seu Corpo, que é a Igreja" (Cl 1,24). Para Paulo, a servidão havia se tornado natural. Ela pertencia ao seu novo ser em Cristo.

Nossa segunda natureza

Nossa "segunda natureza", a natureza que recebemos em e através de Cristo, nos liberta para viver compassivamente na servidão. A compaixão não é mais uma virtude que devemos exercitar em circunstâncias especiais ou uma atitude a qual devemos recorrer quando outras maneiras de reagir se esgotam, mas se torna o modo *natural* de ser no mundo. Esta "segunda natureza" também nos permite ver a compaixão não em termos moralistas, isto é, em termos de como deveríamos nos comportar como bons cristãos, mas como uma nova maneira de ser no mundo. Como cristãos, somos chamados a nos tornar embaixadores de Cristo, em quem a realidade da compaixão infinita de Deus se torna concreta e tangível (2Cor 5,20). Se tornar servo humilde com Cristo no discipulado significa se tornar testemunha do Deus vivo. A vida cristã é a vida de testemunho, através da servidão, do Deus compassivo, e não uma vida na qual buscamos o sofrimento e a dor.

Para alguém de fora, muito do comportamento cristão parece ser ingênuo, impraticável e, geralmente, um pouco mais do que um exercício de autoflagelação. Alguém de fora acredita, compreensivelmente, que qualquer pessoa que se sinta atraída pelo sofrimento e pela dor e que deseje se humilhar numa posição de servidão não pode ser levada muito a sério. Se esforçar para se tornar um escravo parece um modo de vida tão pervertido que chega a ofender algumas sensibilidades humanas. Ninguém acha estranho ou errado tentar ajudar as pessoas que obviamente carecem das necessidades básicas da vida, e parece bastante razoável tentar aliviar o sofrimento daquelas quando for possível. Mas deixar uma posição de sucesso e entrar deliberadamente, conscientemente e intencionalmente numa posição de servidão parece pouco saudável. É uma violação dos instintos humanos mais básicos. Tentar alçar os outros à nossa própria posição privilegiada é honroso e até mesmo uma expressão de generosidade; porém, tentar nos colocar numa posição de descrédito e nos tornar dependentes e vulneráveis parece ser uma forma de masoquismo que desafia as nossas melhores aspirações.

Algo dessa postura aparece na expressão "ajudar os menos favorecidos", que com frequência pode ser ouvida na boca daqueles que pedem ou oferecem ajuda. Esta expressão possui um tom elitista porque assume que *nós* conseguimos "chegar" e nos manter nessa posição, enquanto *eles* simplesmente não foram capazes de nos acompanhar e precisam ser ajudados. É aquela atitude que diz: "o destino está do nosso lado e não do deles. Mas como somos cristãos, temos que ajudá-los a subir e lhes dar uma parte de nossa boa-fortuna. O fato inegável é que o mundo está dividido entre os 'afortunados' e os 'desafortunados'. Portanto, não nos sintamos culpados por isso, mas tentemos ajudar, como boas pessoas que somos, àqueles que estão do outro lado da cerca". Nessa maneira de pensar, a compaixão permanece parte da competição, e se encontra muito longe da servidão radical.

A servidão radical não faz sentido a não ser que introduzamos um novo nível de compreensão e o vejamos como o caminho para encontrar Deus. Ser humilde e perseguido não podem ser desejados a não ser que possamos encontrar Deus na humildade e perseguição. Quando começamos a ver Deus, a fonte de todo o nosso conforto e consolo, no centro da servidão, a compaixão se torna muito mais do que fazer o bem às pessoas desafortunadas. A servidão radical, compreendida como o encontro com o Deus compassivo, nos leva para além das distinções entre riqueza e pobreza, sucesso e fracasso, fortuna ou má sorte. A servidão radical não é um empreendimento no qual nós tentamos nos cercar de tanta miséria quanto for possível, mas um modo de vida alegre no qual nossos olhos estão abertos para a visão do verdadeiro Deus que escolheu se revelar na servidão. Os pobres são chamados de bem-aventurados não porque a pobreza seja boa, mas porque deles é o Reino dos Céus; os aflitos são chamados de aflitos não porque a aflição seja boa, mas porque eles serão confortados.

Aqui nos aproximamos da profunda verdade espiritual de que "serviço" é uma expressão pela busca de Deus e não somente de um desejo de conseguir uma mudança individual ou social. Isto pode gerar toda sorte de incompreensão, porém, a sua verdade é confirmada pelas vidas daqueles para quem o serviço é uma preocupação constante e ininterrupta. Enquanto o auxílio que oferecemos aos outros for motivado principalmente pelas mudanças que possamos realizar, nosso serviço não durará muito. Quando os resultados não aparecem, quando o sucesso está ausente, quando não somos mais apreciados e elogiados por aquilo que fazemos, nós perdemos a força e a motivação para continuar. Quando nós não vemos nada além de pessoas tristes, pobres, doentes ou miseráveis que, mesmo depois de várias de nossas tentativas de ajudar, permanecem tristes, pobres, doentes ou miseráveis, então a única alternativa razoável é a de nos afastar de maneira a evitar que nos tornemos cínicos ou deprimidos. A servidão radical nos desafia, mesmo enquanto tentamos de modo persistente superar a pobreza, a fome, a doença e qualquer outra forma de miséria humana, a revelar a presença gentil de nosso Deus compassivo em meio ao nosso mundo partido.

Servos alegres

A alegria e a gratidão são qualidades do coração pelas quais nós reconhecemos àqueles comprometidos com uma vida de serviço no caminho de Jesus Cristo. Nós vemos isso nas famílias cujos pais e filhos estão atentos às necessidades uns dos outros e passam o tempo juntos apesar das muitas pressões externas. Nós vemos isso naqueles que sempre têm um espaço para aquele de fora, um prato extra para a visita, tempo para alguém em necessidade. Nós vemos isso nos estudantes que trabalham com os idosos, e nos muitos homens e mulheres que disponibilizam dinheiro, tempo e energia para aqueles com fome, nas prisões, doentes ou morrendo. Nós vemos isso nas freiras que trabalham com os mais pobres dentre os pobres. Sempre que presenciamos o serviço verdadeiro, também percebemos alegria, porque em meio ao serviço, uma presença divina se torna visível e um presente é dado. Portanto, aqueles que servem como seguidores de Jesus descobrem que eles estão recebendo mais do que eles estão dando. Assim como uma mãe não precisa ser recompensada pela atenção que ela dedica a uma criança sua, já que a sua criança é a sua alegria, do mesmo modo, aqueles que servem aos seus vizinhos encontrarão as suas recompensas nas pessoas às quais eles servem.

A alegria daqueles que seguem o seu Senhor ao se autoesvaziarem e se humilharem do mesmo modo que ele, demonstra que o que eles buscam não é nem a miséria nem a dor, mas o Deus cuja compaixão eles sentiram em suas próprias vidas. Seus olhos não focalizam a pobreza ou miséria, mas a face do Deus vivo.

Essa alegria pode ser corretamente entendida como uma antecipação da manifestação plena do amor de Deus. O hino a Cristo, portanto, não termina com as palavras acerca do seu caminho para baixo. Cristo se esvaziou e se humilhou:

> Por isso Deus o sobreexaltou grandemente
> e o agraciou com o Nome
> que é sobre todo nome,
> para que, ao nome de Jesus,
> se dobre todo joelho dos seres celestes,
> dos terrestres e dos que vivem sob a terra,

e, para a glória de Deus, o Pai, toda língua
confesse: Jesus é o Senhor.

(Fl 2,9-11)

Sem essas frases finais jamais seríamos capazes de alcançar a totalidade da compaixão de Deus. A compaixão de Deus como revelada em Cristo não termina em sofrimento, mas na glória. A servidão de Cristo é, de fato, a servidão divina, uma servidão que encontra a sua completude na realeza do Cristo ressurgido, que recebeu o nome que se encontra acima de todos os outros nomes. A ressurreição de Cristo é a afirmação final da sua servidão. E com o servo Cristo, toda servidão foi elevada e santificada como a manifestação da compaixão de Deus. Esta é a base de toda a nossa alegria e esperança: nossa vida de servidão é vivida em união com o Cristo ressurgido, em e através de quem nós nos tornamos crianças do Deus compassivo que é tanto Mãe quanto Pai. É por isso que Paulo pode dizer: "e se somos filhos, somos também herdeiros; herdeiros de Deus e coerdeiros de Cristo, pois sofremos com ele para também com ele sermos glorificados. Penso, com efeito, que os sofrimentos do tempo presente não têm proporção com a glória que deverá revelar-se em nós" (Rm 8,17-18).

3

O Deus obediente

A vida interna de Deus

Em Jesus Cristo, Deus nos é revelado como um Deus da compaixão. Esta compaixão divina significa Deus sendo conosco como um servo sofredor. Deus está conosco, sentindo conosco profunda e suavemente. A nossa dor humana reverbera no âmago mais profundo de Deus. Deus, inclusive, chega ao ponto de desistir da posição privilegiada do seu poder divino e aparece no nosso meio como um servo humilde que se oferece para lavar os nossos pés feridos e cansados.

Mas essa não é a história completa da compaixão de Deus. Existe ainda um elemento que precisamos explorar, de modo a conseguir um outro relance do mistério infinito da compaixão de Deus por nós. Em Jesus Cristo, a compaixão de Deus não se manifesta simplesmente ao se tornar um servo sofredor, mas ao se tornar um servo sofredor obediente. A obediência empresta à servidão a sua dimensão mais profunda.

Nós frequentemente experimentamos um forte desejo de oferecer os nossos serviços aos nossos companheiros seres humanos que passam necessidade. Às vezes, nós chegamos a sonhar em doar as nossas vidas aos pobres e viver em solidariedade com aqueles

53

que sofrem. Às vezes esses sonhos conduzem a ações generosas, a projetos bons e valiosos, e para semanas, meses e até mesmo anos de trabalho dedicado. Mas a iniciativa continua sendo nossa. Nós decidimos quando ir e quando voltar; decidimos o quê e como fazer as coisas; nós controlamos o nível de intensidade da nossa servidão. Apesar de muito trabalho bom ser realizado nessas situações, existe sempre o perigo implícito de que mesmo a nossa servidão possa se tornar uma forma sutil de manipulação. Somos realmente servos quando podemos nos tornar mestres novamente, uma vez que pensamos ter feito a nossa parte ou dado a nossa contribuição? Somos realmente servos quando podemos dizer quando, onde e por quanto tempo daremos o nosso tempo e a nossa energia? O serviço num país distante é realmente uma expressão da servidão quando temos dinheiro suficiente no banco para que possamos retornar para casa a qualquer momento?

Jesus veio para "o país distante" porque ele foi enviado. Ter sido enviado sempre permaneceu um ponto central em sua consciência. Ele nunca pediu nada para ele mesmo. Jesus foi o servo obediente que nada disse ou fez, absolutamente nada, que não tivesse sido dito ou feito em completa obediência àquele que o havia enviado.

Estamos tentando expressar aqui aquilo que quase não pode ser posto em palavras: em Jesus Cristo, Deus não revela somente compaixão, mas obediência também. Aquele através do qual todas as coisas acontecem, se torna o obediente. Karl Barth escreve: "pertence à vida interna de Deus que ocorresse dentro dele a obediência... dentro dele existe tanto Aquele que é obedecido quanto um Outro que obedece".[5] Em Jesus Cristo, este lado interno da natureza de Deus se torna visível. Em Jesus Cristo, nós percebemos que a compaixão de Deus não pode ser nunca separada da obediência.

---

5 Ibid., p. 201.

Porque através da completa obediência de Jesus, Deus compassivamente entrou na nossa condição humana partida, ferida e dolorida.

Escuta íntima

Porém, tendo dito isso, devemos dizer algumas outras coisas para evitar que os nossos sentidos distorcidos acerca da obediência interfiram em nossa compreensão de Jesus como um servo obediente. A palavra *obediência* frequentemente evoca em nós muitas ideias e sentimentos negativos. Nós pensamos em alguém investido de poder dando ordens para aqueles que não o possuem. Nós consideramos "ordens" aquilo que seguimos simplesmente porque não podemos desobedecê-las. Nós pensamos em fazer coisas que outros dizem serem boas cujo valor, contudo, não conseguimos enxergar com clareza. Nós pensamos na grande distância entre aquele que comanda e aquele que segue. Quando dizemos: "fazemos por obediência", nós geralmente aludimos ao fato de que não sabemos muito bem por que se faz tal coisa, mas aceitando a autoridade de alguém, malgrado os nossos próprios desejos ou necessidades. Daí a palavra *obediência* ser geralmente maculada por muitas sensações de hostilidade, ressentimento ou distância. Ela quase sempre implica que alguém se encontra numa posição de impor a sua vontade sobre os outros.

Contudo, nenhuma dessas associações negativas pertence à obediência de Jesus Cristo. A obediência de Jesus é escutar a palavra amorosa de Deus e respondê-la. A palavra obediência é derivada do latim *audire*, que significa "ouvir". Obediência, como personificada em Jesus Cristo, é um escutar integral, um prestar atenção sem hesitação ou limite, um ser "todo ouvido". É uma expressão da intimidade que pode existir entre duas pessoas. Aqui, aquele que obedece conhece sem restrições a vontade daquele que ordena e só possui um único desejo englobante: viver aquela vontade.

Essa escuta íntima é expressa de forma bela quando Jesus fala de Deus como Abba, seu amado pai. Quando usada por Jesus, a palavra *obediência* não possui nenhum tipo de associação com o medo, antes, é a expressão da sua relação mais amorosa, mais íntima. É a relação com o seu pai amado que disse durante o batismo dele no Rio Jordão: "Este é o meu filho amado, em quem me comprazo" (Mt 3,17), e durante a oração dele no Monte Tabor: "este é o meu filho, em quem me comprazo...ouvi-o!" (Mt 17,5). As palavras e ações de Jesus são a resposta obediente a este amor de Deus. Não podemos enfatizar de forma suficiente o fato de que, quando Jesus chama Deus de Abba, ele fala acerca de um amor que engloba e transcende todo o amor que conhecemos. É o amor de um pai, mas também de uma mãe, irmão, irmã, amigo e amante. Ele é severo e, mesmo assim, misericordioso; ciumento e, ainda assim, de partilha; provocativo e guia; desafiador, mas cuidadoso; desinteressado, porém dando apoio; abnegado, mas muito íntimo. Os muitos tipos de amor que experimentamos nos nossos vários relacionamentos humanos estão completamente representados no amor entre Jesus Cristo e o seu Pai celeste, porém todos eles totalmente transcendidos por aquele mesmo amor.

Atenção ao amado

Até aqui, usamos a palavra Deus para indicar, basicamente, o sujeito da compaixão divina. Mas é necessário que seja lembrado que Jesus chama esse Deus compassivo *abba*, "Pai amado". Obediência é um escutar amoroso de Deus, o Pai amado. Nessa escuta não existe sequer um momento de distância, medo, hesitação ou dúvida, mas somente o amor irrestrito, ilimitado e incondicional que deriva de um Deus amoroso. A resposta de Jesus a este amor é, de forma semelhante, irrestrita, incondicional e ilimitada. Não compreenderemos a vinda de Jesus ao mundo do sofrimento e da dor e o seu doar-se a nós como um servo se percebermos essas atitudes como iniciativas heroicas de uma criança que deseja ganhar o amor dos seus pais, ou como o cumprimento ansioso de uma ordem dada por um dos pais cuja vontade deve ser respeitada. Antes, vemos nessas ações um escutar divino do amor divino, uma resposta amorosa à uma missão amorosa, e um "sim" livre à uma ordem deliberada.

Das primeiras palavras que Jesus fala no templo, "não sabeis que devo estar na casa de meu pai?" (Lc 2,49), até as suas últimas palavras na cruz, "Pai, em tuas mãos entrego o meu espírito" (Lc 23,46), tomamos consciência de que a preocupação única e exclusiva de Jesus é de fazer a vontade de Deus. Impressionados com as palavras e os atos de cura de Jesus, com frequência esquecemos que todo o seu ministério foi um ministério de obediência. A verdadeira grandeza da vida e das palavras de Jesus se encontra na sua obediência. Outros realizaram atos milagrosos, atraíram grandes multidões e as impressionaram com as suas palavras, criticaram a hipocrisia dos líderes religiosos e morreram mortes cruéis como testemunhas dos seus ideais. Se forem homens e mulheres de bravura, heroísmo e mesmo de generosidade que procuramos, então muitos foram aqueles que falaram palavras e realizaram atos tão impressionantes quanto aqueles de Jesus. O que separa Jesus de todos os outros seres humanos é a sua obediência. "Por mim mesmo, nada posso fazer: eu julgo segundo o que ouço e meu julgamento é justo, porque não procuro a minha vontade, mas a vontade daquele que me enviou" (Jo 5,30). "As palavras que vos digo, não as digo por mim mesmo, mas o Pai, que permanece em mim, realiza suas obras" (Jo 14,10). No momento da sua maior agonia, é à vontade de Deus que Jesus se apega: "meu Pai, se não é possível que isto se passe sem que eu o beba, seja feita a tua vontade!" (Mt 26,42). A morte de Jesus se torna o seu último ato de obediência: "humilhou-se e foi obediente até a morte, e morte na cruz!" (Fl 2,8) NVPR.

Não é surpreendente que o apóstolo Paulo considere a obediência de Jesus como sendo a fonte da nossa salvação. Para os cristãos de Roma ele escreve: "de modo que, como pela desobediência de um só homem, todos se tornarão pecadores, assim, pela obediência de um só, todos se tornarão justos" (Rm 5,19). De fato, assim como as palavras de Jesus lhe davam autoridade divina porque elas foram ditas em obediência, do mesmo modo, a morte de Jesus lhe transformou em nosso divino salvador porque ele a aceitou em obediência.

Portanto, o Deus da compaixão não é somente um Deus que serve, mas também um Deus que serve em obediência. Sempre que separamos servidão de obediência, a compaixão se torna uma forma de "estrelismo" espiritual. Mas quando compreendemos que a compaixão de Jesus foi nascida de um escutar íntimo do amor incondicional de Deus, podemos entender como a servidão pode ser, realmente, a expressão completa da compaixão. Jesus busca o mundo sofredor a partir do centro silencioso onde ele permanece em total atenção ao seu Pai. O evangelho de Marcos nos apresenta um belo exemplo deste movimento desde a escuta silenciosa até a ação compassiva. Lá, podemos ler: "de madrugada, estando ainda escuro, ele se levantou e retirou-se para um lugar deserto e ali orava" (Mc 1,35). É desde este lugar, onde Jesus ficava completamente atento ao seu Pai amado, que ele era chamado à ação. "Todos te procuram", os seus discípulos disseram, e em obediência ele disse "vamos a outros lugares, às aldeias da vizinhança, a fim de pregar também ali, pois foi para isso que eu saí". E ele "foi por toda a Galileia, pregando em suas sinagogas e expulsando os demônios" (Mc 1,37-39).

Em Jesus, a compaixão de Deus se revela como sofrimento conosco em obediência. Jesus não é um herói corajoso cujo ato de esvaziamento e auto-humilhação recebe adoração e elogios. Ele não é um supertrabalhador social, um supermédico ou um superajudante. Ele não é um grande herói que realiza atos de abnegação que ninguém consegue imitar. Jesus não é nem um gigante espiritual, nem uma superestrela cuja compaixão nos deixa com ciúmes e cria em nós o desejo competitivo de chegar ao mais alto, mais longe ou mais profundo possível como ele conseguiu. Não; Jesus é o servo obediente que ouve o chamado e deseja responder mesmo quando isso o conduz à dor e ao sofrimento. Esse desejo não representa um desejo de experimentar a dor, mas de prestar atenção de forma completa e integral à voz de seu Pai amado.

Com o amor de Deus em nós

A ênfase na obediência como uma característica essencial da compaixão divina nos conduz à novas perspectivas sobre nossas vidas. Ela nos diz que seguir Jesus em sua compaixão não significa a busca pelo sofrimento como um fim em si mesmo. Os cristãos têm sido criticados, compreensivelmente, por ter uma atração mórbida pelo sofrimento. Mas o problema não é o sofrimento. A companhia de Jesus não implica um compromisso de se sofrer o máximo possível, mas num compromisso de ouvir com ele o amor divino sem medo. É à obediência – aqui compreendida como um ouvir íntimo e sem medo do contínuo amor de Deus – que somos chamados.

Somos frequentemente tentados a "explicar" o sofrimento em termos de "a vontade de Deus". Isso não só pode causar ódio e frustração, como também é falso. "A vontade de Deus" não é um rótulo que pode ser colocado sobre situações infelizes. Deus deseja nos trazer alegria, e não dor; paz, e não guerra; cura, e não sofrimento. Por isso, ao invés de afirmar que absolutamente tudo é a vontade de Deus, devemos estar dispostos a nos perguntar onde, em meio às nossas dores e sofrimentos, podemos reconhecer a presença amorosa de Deus.

Porém, quando descobrimos que o nosso ouvir obediente nos conduz aos nossos vizinhos que sofrem, podemos ir ao encontro deles com o conhecimento alegre de que é o amor que para lá nos conduz. Somos maus ouvintes porque tememos que exista algo além do amor em Deus. Isso de modo algum pode ser considerado estranho, já que raramente, se é que alguma vez, conseguimos experimentar o amor sem uma gota de ciúme, ressentimento, vingança ou até mesmo ódio. Frequentemente encontramos o amor cercado por limitações e condições. Tendemos a duvidar se, de fato, aquilo que aparece para nós é realmente amor, e ficamos sempre em guarda, preparados para despontamento. O cético em nós não quer se render tão facilmente. Por este motivo achamos difícil simplesmente ouvir ou obedecer. Mas Jesus realmente ouvia e obedecia porque somente ele conhecia o amor do seu Pai: "não que alguém tenha visto o pai; só aquele que vem de junto de Deus viu o Pai" (Jo 6,46). "É verdadeiro aquele que me enviou e que não conheceis. Eu, porém, o conheço, porque dele procedo" (Jo 7,28-29).

Todavia, há algo mais. Jesus não veio a este mundo apegado à sua intimidade com o seu Pai como se isto fosse uma exclusividade sua. Ele veio para nos incluir em sua obediência divina. Ele queria nos conduzir a Deus para que pudéssemos gozar da mesma intimidade que ele gozava. Quando conseguimos reconhecer que em e através de Jesus nós somos chamados a ser filhas e filhos de Deus e a ele escutar, ao nosso Pai amoroso, com abandono e confiança totais, nós também perceberemos que somos convidados a ser não menos compassivos do que Jesus. Quando a obediência se torna a nossa primeira e única preocupação, então também podemos nos mover no mundo com compaixão e sentir o sofrimento do mundo de modo tão profundo que, através da nossa compaixão, podemos dar uma vida nova aos outros. Foi isso que Jesus nos disse com essas palavras impressionantes: "Crede-me: eu estou no Pai e o Pai em mim. Crede-o, ao menos, por causa dessas obras. Em verdade, em verdade vos digo: quem crê em mim fará as obras que faço e fará até maiores do que elas, porque eu vou para o Pai. E o que pedirdes em

meu nome, eu o farei afim de que o Pai seja glorificado no filho"
(Jo 14,11-13) NVPR.

Com olhos em Deus

Ao ver a compaixão como uma resposta obediente ao nosso
Deus amoroso, nós evitamos as constantes tentações de enxergá-la
como um nobre ato de autossacrifício. Esta tentação é muito grande.
Muitos cristãos se atormentaram com a ideia de que quanto mais
eles sofressem, melhor seria. Por vezes os cristãos foram ao ponto
de se afligirem com muitas formas de dor, na falsa crença de que
ao fazê-lo, eles estariam seguindo o caminho de Jesus Cristo. Esta
atitude autoderrotista levou à muita crítica. Friedrich Nietzsche é,
provavelmente, o crítico mais conhecido neste sentido. Ele escreve:
"a Cristandade se aliou com o que há de mais fraco e baixo, com todos aqueles que falharam; ela construiu um ideal de tudo aquilo que
contradiz os instintos da vida forte para se preservar ... no fundo
do cristianismo encontra-se o rancor do instinto doente dirigido
contra os saudáveis, contra a própria saúde".[6]

Esta crítica nos torna conscientes de nossa tendência em restrin-
gir a nossa visão de Jesus ao seu sacrifício voluntário na cruz. Nós
esquecemos que este sacrifício foi uma resposta obediente ao Deus
amoroso que não somente enviou Jesus a este mundo, mas também
o ergueu dos mortos para que ele se sentasse ao seu lado direito.
A "viagem ao país longínquo", como Barth chama a missão de Jesus, é uma viagem de amor. É a essa viagem que somos chamados a
nos unir. Toda vez que transformamos a participação no sofrimento
humano num objetivo final, num propósito ou num ideal, nós dis-
torcemos a vocação cristã e ferimos tanto a nós mesmos, quanto
ao restante dos nossos companheiros seres humanos. Isto se torna

---

6 Nietzsche, Friedrich. "O anti-Cristo"; seções 5 e 51, em *The Portable Nietzsche*, edi-
ted and translated by Walter Kaufmann (New York: The Viking Press, 1954).

extraordinariamente claro nas vidas dos santos e de todos aqueles cristãos profundamente engajados. Seus olhos não estão focados na dor, mas no Senhor. A pergunta deles não é "como posso sofrer mais por Deus?", mas "Como eu posso melhor ouvir a Deus?".

Uma história sobre o poeta coreano Kim Chi Ha mostra como o verdadeiro ouvir conduz ao clamor incansável por justiça e ao engajamento sem compromissos na busca pela verdade. Preso e torturado repetidamente pelo regime de Park Chung Hee por sua crítica eloquente contra a opressão na Coreia do Sul, Kim Chi Ha foi condenado à prisão perpétua em 1976. Mesmo assim o seu espírito permaneceu firme e a sua esperança inabalável, pois para além do seu próprio sofrimento e do sofrimento do seu povo, ele vê o sofrimento de Jesus Cristo. Em sua peça *O Jesus com a coroa de ouro*, um leproso, o mais desprezado dos excluídos sociais na Coreia, encontra Jesus aprisionado, de modo concreto pelo governo, pelos negócios e pelos membros da Igreja. O leproso pergunta: "o que pode ser feito para lhe libertar, Jesus, para que mais uma vez você possa viver, de modo que possas vir até nós?" E Jesus respondeu: "somente o meu poder não é suficiente. Pessoas como você devem ajudar a me libertar. Aqueles que só buscam o conforto, a riqueza, a honra e o poder neste mundo, que desejam entrar sozinhos nos Reino dos Céus, ignorando os pobres … não podem me dar a vida de novo … Somente aqueles que, apesar de muito pobres e sofredores como você, que são generosos em espírito e procuram ajudar aos mais pobres e miseráveis, podem me dar a vida novamente. Você contribuiu para me dar a vida novamente. Você removeu a coroa de ouro da minha cabeça, e liberou meus lábios para que eu possa falar. Pessoas como vocês serão os meus libertadores".[7]

---

7 Citado em Chong Sun Kim e Shelley Killen, "Open the Prison Gates and Set my Soul Free", *Sojourners*, abril de 1979, p. 15.

Podemos ficar impressionados com a grande compaixão que vemos nas vidas de testemunhas como Kim Chi Ha, mas eles próprios raramente a mencionam. Eles não gostam do sofrimento, nem são atraídos por ele. Eles só querem aliviá-lo ou diminuí-lo. Mas eles são atraídos pelo amor de Deus com tal força, que eles percebem o sofrimento e a dor somente como partes do seu chamado, uma parte que eles são capazes de aceitar quando chega a hora.

Sem medo

No nosso tempo, tão cheio de perseguições cruéis, é compreensível que perguntemos a nós mesmos se seríamos capazes de suportar o sofrimento severo sobre o qual lemos e ouvimos falar. Nós imaginamos como nos preparar para ele e geralmente nos preocupamos com um futuro no qual projetamos muitos horrores e tragédias. Mas se a nossa preocupação fundamental fosse ouvir cuidadosamente a Deus nas nossas vidas, e discernir a vontade de Deus para nós no aqui e agora, essas preocupações se mostrariam injustificáveis e motivo de distrações. Muito do nosso desconforto interior, do nosso nervosismo e da nossa tensão está ligado às nossas preocupações acerca do futuro desconhecido. Às vezes tentamos aliviar essas preocupações com planos de longo alcance. Mas o nosso trabalho para o futuro não deveria ser baseado na ansiedade, mas numa visão de algo valioso no presente. Quando os nossos planos para um novo mundo são somente uma expressão da nossa infelicidade com o presente, nós arriscamos empreender aquilo que Thomas Merton chamava de "desespero organizado".

Obediência significa ouvir à uma voz que fala conosco hoje e nos permite sentir o cuidado amoroso de Deus em nossas vidas presentes. Obediência é dar atenção plena ao que Deus nos diz neste exato momento e responder amorosamente àquilo que percebemos, porque Deus é nosso Pai amoroso em quem nada que não seja amor pode ser encontrado. Apreensão, medo e ansiedade não podem se sustentar na presença de Deus. O medo sempre cria distância e divisões. Mas na presença de Deus o medo se desmancha. "Não há temor no amor, ao contrário, o perfeito amor lança fora o temor" (1Jo 4,18).

Portanto, quando prestamos atenção cuidadosa à presença amorosa de Deus, o sofrimento para o qual poderíamos ser conduzidos jamais turvará os nossos corações ou paralisará os nossos movimentos. Iremos descobrir que nunca nos será pedido para que soframos mais do que podemos aguentar e jamais seremos testados para além das nossas forças. Quando somos conduzidos pelo amor ao invés de estimulados pelo medo, podemos penetrar nos locais mais tenebrosos e dolorosos e experimentar de maneira única o poder do cuidado de Deus. As palavras finais de Jesus para Pedro são a mais forte afirmação desta verdade. Após haver perguntado Pedro por três vezes, "você me ama?", e tendo sido assegurado por Pedro por três vezes sobre o seu amor, Jesus disse: "em verdade, em verdade vos digo: quando eras jovem e te cingias e andava por onde querias; quando fores velho, estenderás a mão e outro te cingirá e te conduzirá aonde não queres" (Jo 21,18).

A realidade deste amor é mostrada nas histórias dos cristãos que sofreram torturas terríveis na América Latina. Um irmão que foi preso e colocado na prisão após trabalhar por vários anos entre os pobres na Argentina escreve: "o que caracterizava a nossa vida cristã durante todo este período na prisão era a oração; mais precisamente, era a oração por intercessão. Quando você ouve os gritos desesperados dos seus amigos que estão sendo torturados, e quando você experimenta a sua total impotência para fazer alguma coisa, você aprende que rezar e interceder com Deus é o único ato humano digno que alguém pode fazer". Contudo, esta carta, que descreve uma escuridão que poucos experimentaram, está repleta de um tom impressionantemente vitorioso. Em meio à escuridão, este irmão anônimo sentiu o amor e a compaixão de Deus por seus irmãos de uma forma tão nova e intensa, que ele termina a carta dizendo: "não é fácil se encontrar de novo no mundo cristão normal. Tudo parece tão mesquinho, formal, menos intenso e menos calmo. Para nós na prisão, o evangelho era a nossa força, nossa arma contra o mal, contra o ódio, contra a opressão". O editor do *Catholic worker* que publicou esta carta observou: "uma enorme oportunidade está sendo oferecida à Igreja na América Latina e em vários locais no Terceiro Mundo, a qual devemos ousar aceitar".[8]

Este sofrimento com outros em obediência é o caminho para encontrar o nosso Deus compassivo, cujo amor nos permite viver em meio ao mundo, servindo aos nossos irmãos e irmãs com uma profunda sensação de alegria e gratidão.

Deus é um Deus compassivo. Esta é a boa-nova trazida a nós em e através de Jesus Cristo, Deus conosco, que não encontra nada no humano que lhe seja estranho, e que vive em solidariedade conosco. Jesus é um Deus servo que lava os nossos pés e cura as nossas chagas, um Deus obediente que ouve e responde com amor ilimitado. Na companhia de Jesus, somos chamados a ser compassivos como o nosso Deus é compassivo. Nele, e através dele, se torna possível ser uma testemunha efetiva da compaixão de Deus e de nos tornarmos sinais de esperança em meio ao mundo desesperador.

---

8 *Catholic worker*, vol. XLII, no. 7, setembro de 1977.

Parte Dois

A vida compassiva

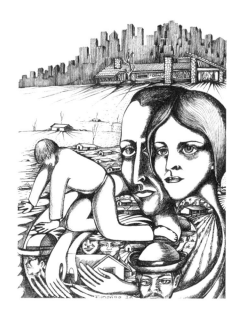

4

Comunidade

Sem estrelismos individuais

A questão principal da segunda parte das nossas reflexões diz respeito ao discipulado. Existem muitas maneiras de formular esta questão: "como podemos responder criativamente ao chamado de Jesus para sermos compassivos, como o nosso Deus é compassivo? Como podemos fazer com que a compaixão de Deus se torne a base e a fonte de nossas vidas? Onde a presença compassiva de Deus pode se tornar visível em nossas vidas quotidianas? Como é possível para nós, seres humanos alquebrados e pecadores, seguir Jesus Cristo e, desse modo, nos tornar manifestações da compaixão de Deus? O que significa, para nós, nos solidarizarmos com outros seres humanos e oferecermos a eles serviço obediente?"

A mensagem que nos chega do Novo Testamento é que a vida compassiva é uma vida em conjunto, em união. A compaixão não é um traço do caráter individual, uma atitude pessoal ou um talento especial, mas um modo de vida em conjunto. Quando Paulo exorta os cristãos de Filipos a viverem uma vida compassiva segundo Cristo, ele lhes dá uma descrição concreta do que aquilo significa: "nada fazendo por competição e vanglória, mas com humildade, julgando cada um os outros superiores a si mesmo, nem cuidando cada um só do que é seu, mas também do que é dos outros" (Fl 2,3-4) NVPR. Além disso, Paulo sublinha o fato de que uma vida compassiva é uma vida em comunhão: "portanto, pelo conforto que há em Cristo, pela consolação que há no Amor, pela comunhão no Espírito, por toda ternura e compaixão, levai à plenitude a minha alegria, pondo-vos acordes no mesmo sentimento, no mesmo amor, numa só alma, num só pensamento" (Fl 2,1-2).

É precisamente porque estamos tão inclinados a pensar em termos de grandeza individual e heroísmo pessoal, é que se torna importante refletir cuidadosamente sobre o fato de que a vida compassiva é uma vida em comunidade. Nós testemunhamos a presença compassiva de Deus no mundo pelo modo em que vivemos e trabalhamos em conjunto. Aqueles que foram os primeiros convertidos pelos apóstolos, revelaram a sua conversão não por meio de proezas de estrelismo individual, mas ao entrarem numa nova vida em comunidade. "Todos os que tinham abraçado a fé reuniam-se e punham tudo em comum: vendiam suas propriedades e bens, e dividiam-nos entre todos, segundo as necessidades de cada um. Dia após dia, unânimes, mostravam-se assíduos no Templo e partiam o pão pelas casas, tomando o alimento com alegria e simplicidade de coração. Louvavam a Deus e gozavam da simpatia de todo o povo" (At 2,44-47). A compaixão de Deus se tornou evidente numa forma radicalmente nova de viver, que tanto chocava e surpreendia os de fora, que esses diziam: "olhem como eles se amam".

Uma vida compassiva é uma vida cujo companheirismo com Cristo se revela numa nova comunhão entre aqueles que o seguiam. Nós frequentemente tendemos a pensar na compaixão como sendo um dom individual, perdendo de vista o fato da sua natureza verdadeiramente comunitária. Ao entrar nesta comunhão com Jesus Cristo, que se esvaziou e se tornou como nós, e se humilhou ao aceitar a morte na cruz, nós entramos num novo tipo de relacionamento uns com os outros. Este novo relacionamento com Cristo e o novo relacionamento com os outros não pode ser jamais separado. Não basta dizer que um novo relacionamento com Cristo conduz a um novo relacionamento com os outros. Pelo contrário, devemos dizer que o espírito de Cristo é o espírito que nos reúne em comunidade; a nossa vida em comunidade é a manifestação do espírito de Cristo. Como Paulo diz aos romanos:

> E não vos conformeis com este mundo, mas transformai-vos,
> Renovando a vossa mente, a fim de poderes discernir
> Qual é a vontade de Deus, o que é bom,
> agradável e perfeito.
>
> (Rm 12,2)

Caminhando pelo mesmo caminho

Seguir Jesus Cristo significa se relacionar uns com os outros com o espírito de Cristo; isto é, se relacionar uns com os outros como Cristo fez conosco – em servidão e humildade. Discipulado significa caminhar junto pelo mesmo caminho. Enquanto vivemos completamente *neste* mundo, descobrimos uns aos outros como companheiros no mesmo caminho e formamos uma nova comunidade. Apesar de submetidos ao poder do mundo e ainda profundamente envolvidos nas labutas humanas, nos tornamos pessoas novas com espíritos novos, uma nova forma de ver e ouvir, e uma nova esperança por causa de nossa relação em comum com Cristo. A compaixão, portanto, não pode nunca ser separada da comunidade. A compaixão sempre se revela na comunidade, numa nova forma de estar junto. O relacionamento com Cristo *é* o relacionamento com nossos irmãos e irmãs. Isto é expresso de forma particularmente eloquente por Paulo quando ele chama a comunidade cristã de o "corpo de Cristo".

A presença de Jesus se manifesta para nós na vida da comunidade cristã. É na comunidade cristã que podemos ser abertos e receptivos ao sofrimento do mundo e oferecer uma resposta compassiva a ele. Pois aonde as pessoas se juntam em nome de Cristo, ele se encontra presente como o Senhor compassivo (v. Mt 18,20). Jesus é e permanece sendo a manifestação mais radical da compaixão de Deus.

A ideia de que a compaixão de Deus, como ela se revelou em Jesus Cristo, sendo representada no tempo e no espaço pela comunidade cristã levanta muitas questões problemáticas para nós. Na nossa sociedade, a compaixão perdeu o seu contexto comunitário e, por isso, frequentemente, se degenerou no seu contrário. Basta que examinemos algumas das maneiras pelas quais o sofrimento humano nos é apresentado hoje em dia para chegarmos à uma compreensão melhor da natureza comunitária da compaixão.

Bombardeando os sentidos

Um dos acontecimentos mais trágicos do nosso tempo é que sabemos mais do que nunca acerca das dores e dos sofrimentos do mundo e, apesar disto, somos cada vez mais incapazes de como respondê-los. O rádio, a televisão e os jornais nos permitem acompanhar dia a dia – até mesmo hora a hora – o que está acontecendo no mundo. Nós ouvimos falar de terrorismo, conflitos armados e guerras, assassinatos, terremotos, secas e enchentes, fomes e epidemias, campos de concentração e câmaras de tortura, além de incontáveis outras formas de sofrimento humano perto ou longe de nossa casa. Não só ouvimos falar deles como também somos diariamente expostos a fotos de bebês famintos, soldados morrendo, casas pegando fogo, vilas alagadas e carros destruídos. O noticiário parece ter se transformado quase que numa incessante litania do sofrimento humano. A questão é: essas formas altamente sofisticadas de comunicação e esta quantidade cada vez maior de informação estão levando à uma solidariedade mais profunda e à uma maior compaixão? É muito duvidoso.

Podemos realmente esperar uma resposta compassiva dos milhões de indivíduos que leem os jornais durante o café da manhã, ouvem o rádio no caminho para o trabalho e assistem à TV após retornarem para casa à noite, cansados dos seus trabalhos em escritórios e fábricas? Podemos, razoavelmente, esperar compaixão dos muito indivíduos isolados que estão sendo constantemente lembrados, na privacidade dos seus lares ou carros, da vasta extensão do sofrimento humano?

Parece existir um consenso de que é bom para as pessoas que elas sejam expostas à dor e ao sofrimento do mundo. Não só os jornais e as emissoras parecem agir de acordo com esse consenso, como também as organizações cujo objetivo central é o de ajudar as pessoas que sofrem. As instituições de caridade frequentemente enviam cartas descrevendo as condições miseráveis em diferentes partes do globo, e juntam fotografias de pessoas cuja humanidade dificilmente pode ser reconhecida. Ao fazê-lo, elas esperam motivar o destinatário a enviar dinheiro para projetos de ajuda.

Porém, poderíamos perguntar se a comunicação em massa dirigida às milhões de pessoas que se veem como indivíduos sem poder, insignificantes e pequenos, na verdade não estaria causando mais dano do que o bem. Quando não existe uma comunidade que possa mediar entre as necessidades do mundo e as respostas pessoais, o peso do mundo pode se tornar um peso insuportável. Quando as dores do mundo são apresentadas às pessoas que já se encontram sufocadas pelos problemas já existentes em seus pequenos círculos de amizades ou familiares, como podemos ter a esperança de uma resposta criativa? O que podemos esperar é o contrário da compaixão: apatia e raiva.

A exposição maciça à miséria humana frequentemente conduz à apatia psíquica. Nossas mentes não toleram ser constantemente lembradas de coisas que interfiram com aquilo que estamos fazendo no momento. Quando precisamos abrir as nossas lojas pela manhã, fazer as nossas tarefas, preparar as nossas aulas ou conversar com os nossos companheiros de trabalho, não podemos nos afundar na miséria coletiva do mundo. Se permitirmos que o conteúdo completo do noticiário penetre a fundo em nós, nos tornaríamos tão sufocados pelos absurdos da existência que ficaríamos paralisados. Se tentarmos absorver tudo aquilo que é noticiado pelos jornais, pelo rádio e pela televisão, e tudo aquilo que nos bombardeia pelos computadores e telefones celulares, nós não conseguiríamos fazer absolutamente nada. Nossa eficiência contínua exige um sistema de filtragem mental através do qual possamos moderar o impacto das notícias diárias.

Mas existe ainda mais. A exposição à miséria humana em escala maciça pode conduzir não só à apatia mental, mas também à hostilidade. Isso pode parecer estranho, mas quando olhamos de forma mais atenta a resposta humana às informações perturbadoras, nós percebemos que ao se confrontar com a dor humana, frequentemente se gera a raiva ao invés do cuidado, irritação ao invés de simpatia, e até mesmo a fúria ao invés da compaixão. O sofrimento humano, que nos chega de uma maneira e numa escala que torna a identificação com o sofrimento praticamente impossível, pode comumente gerar fortes sentimentos negativos. Frequentemente, algumas das pulsões humanas mais baixas são trazidas à tona ao sermos confrontados com pessoas de aparência miserável. De modo particularmente horrendo, este é o caso com os campos de concentração nazistas, vietnamitas e chilenos, onde a tortura e a crueldade pareciam mais fáceis quanto pior a aparência dos prisioneiros. Quando não somos mais capazes de reconhecer pessoas sofrendo como companheiros seres humanos, a dor daqueles desperta mais desgosto e ódio do que compaixão. Por isso, não é surpresa o fato de que o diário de Anne Frank tenha feito mais pela compreensão da miséria humana do que muitos dos filmes que mostravam longas filas de rostos famélicos, prédios escuros com chaminés sinistras, e pilhas de corpos cadavéricos e nus. Podemos entender Anne Frank; pilhas de carne humana nos causam repulsa.

Como podemos explicar estes ódio e apatia psíquica? Apatia e ódio são as reações das pessoas que dizem: "se eu não posso fazer nada de modo nenhum, por que me ocupar disso?" Confrontados pela dor humana e, ao mesmo tempo, lembrados da nossa impotência, nos sentimos ofendidos até a medula do nosso ser, e recaímos nas nossas defesas de apatia e ódio. Se a compaixão significa ser solidário com os seres humanos que estão sofrendo, então, o aumento na apresentação do sofrimento humano pela mídia não está servindo para despertar a compaixão. Aqueles que mais sabem acerca do que ocorre no mundo – aqueles que dedicam muita atenção aos computadores, jornais, rádio e televisão – não são, necessariamente, as pessoas mais compassivas.

Responder compassivamente àquilo que a mídia nos apresenta é ainda mais difícil pela sua "neutralidade". Os noticiários da noite oferecem um bom exemplo. Seja o que for que o jornalista anuncie – guerra, assassinato, enchentes, a previsão do tempo, o resultado do futebol – é anunciado com a mesma expressão e com o mesmo tom de voz ritualizado. Além disso, existe uma ordem quase litúrgica para a litania dos eventos: primeiro, as grandes peças de reportagem sobre os conflitos nacionais e internacionais, então, os acidentes mais próximos, aí vem o mercado de ações e a previsão do tempo, depois, uma pequena palavra de sabedoria e, finalmente, algo leve ou engraçado. Tudo isso é regularmente interrompido por pessoas risonhas nos estimulando a comprar produtos de necessidade duvidosa. Todo o "serviço" é tão distante e afastado de nós que a reação mais imediata é não dedicar mais atenção às notícias do que ao escovar os dentes antes de ir para a cama.

Portanto, a questão é, como podemos ver o sofrimento no nosso mundo e ser levado à compaixão, como Jesus, quando ele viu uma grande multidão de pessoas sem comida (Mt 14,14)? Esta pergunta se torna urgente num momento em que vemos muita coisa, mas pouco nos emociona.

Comunidade como mediador

A comunidade cristã intermedia o sofrimento do mundo e as respostas individuais a este sofrimento. Como a comunidade cristã é a presença viva do Cristo mediador, ela nos permite estar totalmente atentos às condições dolorosas da família humana sem ficarmos paralisados por aquela atenção. Na comunidade cristã, podemos manter os nossos olhos e ouvidos abertos a tudo que acontece sem nos tornarmos insensíveis pelo superestímulo tecnológico ou aborrecidos pela experiência da falta de poder. Na comunidade cristã, podemos saber da fome, da opressão, da tortura e da ameaça nuclear sem cair numa resignação fatalista ou nos isolar numa preocupação com a necessidade de sobrevivência pessoal. Na comunidade cristã, podemos reconhecer completamente as condições de nossa sociedade sem entrar em pânico.

Isto foi ilustrado de forma convincente por Joe Marino, um aluno de Teologia norte-americano que viajou para Calcutá para experimentar viver e trabalhar entre os pobres. Os Irmãos Missionários da Caridade lhe ofereceram hospitalidade. Lá, cercado por indescritível miséria humana, ele descobriu o poder mediador da comunidade. Ele escreve em seu diário:

Uma noite, eu tive uma longa conversa com o Irmão Jesulão. Ele me disse que, se um irmão não consegue trabalhar e viver com os seus companheiros irmãos de forma pacífica, então sempre pede que ele deixe o local... mesmo que ele seja um excelente trabalhador com os pobres... Duas noites depois eu caminhava com o Irmão Willy e ele me disse que a sua prioridade era a de viver com os seus companheiros Irmãos. Ele é sempre desafiado a amar os seus Irmãos. Ele afirmou se ele não conseguisse amar aos seus irmãos, com quem ele vive, como ele poderia amar os sem-teto.[9]

Na comunidade cristã nos reunimos em nome de Jesus Cristo e, por isso, experienciamos a sua presença em meio ao mundo sofredor. Lá, nossos espíritos velhos e fracos, que são incapazes de perceber as dores do mundo, são transformados no espírito de Jesus, para quem nada do que é humano é desconhecido. Em comunidade, não somos mais uma massa de indivíduos desafortunados, mas somos transformados num povo único de Deus. Na comunidade, nossos medos e ódios são transformados pelo amor incondicional de Deus, e nos tornamos manifestações de sua infinita compaixão. Em comunidade, nossas vidas se tornam vidas compassivas porque da maneira em que vivemos e trabalhamos juntos, a compaixão de Deus se torna presente em meio a um mundo partido.

Aqui, o significado mais profundo da vida compassiva se revela. Pela nossa vida em conjunto, nos tornamos participantes na compaixão divina. Através desta participação, podemos tomar o fardo e o peso de Cristo – que é toda dor humana em qualquer tempo e lugar – ao perceber que o seu fardo é leve e o seu peso suportável (Mt 11,30).

Enquanto dependermos de nossos recursos limitados, o mundo irá nos assustar e tentaremos evitar os locais problemáticos. Mas na medida em que nos tornamos participantes na compaixão divina, podemos penetrar profundamente nos locais mais escondidos do

---

9 Marino, Joe. Diário não publicado escrito em Roma, Maio de 1978.

mundo e realizar as mesmas obras que Jesus realizou; na realidade, poderemos realizar obras ainda maiores! (Jo 14,12)

Sempre que a verdadeira comunidade cristã é formada, a compaixão *acontece* no mundo. A energia que irradiava daquelas comunidades cristãs primitivas era, de fato, energia divina que possuía uma influência transformadora em todos aqueles que ela tocava. A mesma energia continua a se mostrar sempre que as pessoas se reúnem em nome de Cristo e assumem o seu fardo de forma humilde e com gentileza de coração (Mt 11,29). Isto é verdade não somente de Benedito, ou dos eruditos e dos seus seguidores, ou de Francisco e Clara e dos seus irmãos e irmãs, mas sempre que os homens e as mulheres abrem mão dos seus modos antigos e ansiosos de pensar, e descobrem uns aos outros no espírito do Cristo.

Já que é na comunidade que a compaixão de Deus se revela, a solidariedade, a servidão e a obediência também são as principais virtudes da nossa vida em conjunto. A solidariedade dificilmente pode ser uma virtude individual. É difícil para nós, como indivíduos, penetrar nas dores e sofrimentos dos nossos companheiros humanos. Mas na comunidade reunida em nome de Cristo, há um espaço ilimitado no qual estrangeiros de diferentes lugares e com histórias diferentes podem penetrar e experimentar a presença compassiva de Deus. É um grande mistério que a compaixão se torne real para as pessoas, frequentemente, não somente pelos atos de um indivíduo hospitaleiro, mas por causa da atmosfera intangível que resulta de uma vida em comum. Algumas paróquias, alguns grupos de oração, famílias, casas, lares, conventos ou mosteiros possuem uma influência verdadeiramente curativa que pode fazer com que, tanto os seus membros como os seus convidados, se sintam compreendidos, aceitos, cuidados e amados. Essa gentileza das pessoas, individualmente, parece ser mais uma manifestação desse ambiente de cura do que a sua causa propriamente dita.

A servidão também é uma qualidade da comunidade. Nossa habilidade individual de servir é bastante limitada. Podemos ser capazes de ajudar algumas pessoas por um certo período, mas responder com servidão à todas as pessoas, em todos os momentos, não é uma aspiração humana realística. Assim que falamos em termos de *nós*, porém, a coisa se modifica. Como uma comunidade podemos transcender as nossas limitações individuais e nos tornar uma manifestação concreta do caminho de autoesvaziamento de Cristo. Esta realização comunitária pode, desse modo, encontrar a sua expressão específica no trabalho diário dos seus membros individuais. Algumas pessoas trabalham bem com adolescentes, outros com os anciões, outros com pacientes hospitalizados e outros, ainda, com os presidiários. Como indivíduos não podemos ser todas as coisas para todo mundo, mas como uma comunidade podemos, de fato, servir à uma grande variedade de necessidades. Além disso, através do apoio e encorajamento constante da comunidade, descobrimos ser possível permanecer fiéis ao nosso compromisso com o serviço.

Finalmente, devemos reconhecer que a obediência, como uma escuta atenta a Deus, tem muito de vocação comunitária. É exatamente devido à oração e à meditação permanentes que a comunidade se torna alerta e aberta às necessidades do mundo. Entregues a nós próprios, poderíamos facilmente começar a idolatrar a nossa forma ou estilo particular de ministério, e então transformar o nosso serviço num passatempo pessoal. Mas quando nos encontramos com regularidade para ouvir a palavra de Deus, e a presença de Deus no meio de nós, ficamos alertas àquela voz guia e nos deslocamos dos locais confortáveis para os territórios desconhecidos. Quando percebemos a obediência como sendo fundamentalmente uma característica da própria comunidade, as relações entre os diferentes membros de uma comunidade se tornam muito mais suaves.

É aí que percebemos, também, que queremos descobrir a vontade de Deus para nós e fazer com que o nosso serviço se torne uma resposta à presença compassiva de Deus em nosso meio.

Portanto, a solidariedade, a servidão e a obediência que nos são reveladas na vida de Jesus Cristos são as marcas da vida compassiva vivida na comunidade. Na, e através da comunidade, aquelas virtudes podem se tornar, lentamente, uma parte integrante e real das nossas vidas individuais.

Uma sensação de pertença

À esta altura, pode surgir a questão: "como podemos construir uma comunidade"? "O que devemos fazer para que uma comunidade surja"? Mas talvez essas questões tenham origem num coração ansioso e sejam menos práticas e úteis do que aparentam ser. Parece melhor levantar a questão mais contemplativa: "Onde podemos ver a ocorrência de comunidade"? Assim que nos tornamos mais sensíveis à realidade da comunidade em nosso meio, podemos achar mais fácil descobrir o ponto de partida mais apropriado para o seu crescimento e desenvolvimento. Faz mais sentido semear o solo no qual já vimos algo crescer do que ficar se perguntando como tornar o solo fértil.

Uma ilustração da vida do monge trapista Thomas Merton pode nos ajudar aqui. Um dos mais influentes críticos sociais dos anos sessenta, Merton lia poucos jornais e nunca via TV ou ouvia rádio. Porém, sua resposta às necessidades do mundo era compassiva. Merton podia ouvir acerca dos acontecimentos do seu tempo e, na sua solidão, discernir como se tornar um servidor obediente para os seus companheiros seres humanos. O que é importante aqui é perceber que o conhecimento do sofrimento do mundo por parte de Merton não vinha da mídia, mas de cartas escritas por amigos, para os quais acontecimentos particulares possuíam um significado pessoal. Para esses amigos, uma resposta era possível. Quando as informações sobre o sofrimento humano nos chegam através de uma pessoa que pode ser abraçada, ele é humanizado. Cartas trazem a vida de volta à dimensão humana. No caso de Merton, as cartas vinham de todas as partes do mundo e de pessoas que pertenciam aos mais variados grupos. Elas vinham de diversos mosteiros e conventos em continentes diferentes, de jovens pensando em o que fazer das suas vidas, até escritores como James Baldwin e Evelyn Waugh, de acadêmicos como Jacques Maritain e Jean Leclerc, de poetas e profetas, de pessoas religiosas, não religiosas e antirreligiosas, de cardeais e bispos, de cristãos e budistas, e de muitos, muitos pobres cujos nomes jamais serão conhecidos. Nessas cartas, Merton via o mundo com as suas dores e alegrias. Ele era atraído à uma comunidade real de pessoas vivas com rostos reais, lágrimas reais e sorrisos reais. De vez em quando Merton convidava alguns dos seus amigos para irem à Abadia, e juntos eles rezavam, falavam sobre as dores do mundo, e tentavam dar um ao outro uma nova esperança e uma nova força. Esses pequenos retiros se mostraram altamente significativos para aqueles que viviam uma vida muito ativa e, frequentemente, perigosa. Eles se ofereciam um forte apoio mútuo. Muitas das pessoas hoje conhecidas por sua coragem e perseverança encontraram as suas inspirações nessas experiências de comunidade.

Este é somente um exemplo para ilustrar a importância da comunidade numa vida compassiva. Cartas e retiros são modos de ser na comunidade, mas existem muitos outros modos. É importante evitar que pensemos na comunidade somente em termos de viver juntos na mesma casa, ou partilhar refeições e orações, ou realizar projetos em conjunto. Esses podem muito bem ser expressões verdadeiras da comunidade, mas a comunidade é uma realidade muito mais profunda. As pessoas que vivem juntas não vivem, necessariamente, em comunidade, e aqueles que vivem sozinhos não vivem, necessariamente, fora dela. A proximidade ou a distância física é secundária.

A qualidade primordial da comunidade é um profundo sentido se ter sido reunida por Deus. Quando São Francisco Xavier viajava sozinho cruzando muitos continentes para pregar o Evangelho, ele encontrava forças no conhecimento seguro de que ele fazia parte de uma comunidade que o apoiava com um sentido profundo de cuidado e oração incessante. E muitos cristãos que mostraram perseverança em tarefas duras e solitárias encontraram suas forças no profundo laço comunitário em nome do qual eles realizavam as suas obras.

Aqui penetramos numa das áreas mais críticas da vida cristã de hoje em dia. Muitos cristãos extremamente generosos se encontram cada vez mais cansados e sem forças, não tanto porque o seu trabalho é duro ou o sucesso pequeno, mas porque eles se sentem isolados, sem apoio ou abandonados. As pessoas que dizem: "será que alguém se importa com o que eu faço. Será que o meu superior, meus amigos em casa, ou as pessoas que me enviaram aqui pensam sobre mim, alguma vez rezam por mim ou se chegam a me considerar como parte das suas vidas?" Essas pessoas se encontram em verdadeiro perigo espiritual. Somos capazes de fazer muitas coisas difíceis, tolerar muitos conflitos, superar muitos obstáculos e perseverar sob muitas pressões, mas quando nós não nos consideramos mais como partes de uma comunidade que cuida, apoia e ora, nós rapidamente perdemos a fé. Isto é porque a fé na presença compassiva de Deus não pode ser nunca separada da experiência da presença de Deus na comunidade à qual pertencemos. As crises nas vidas de muitos cristãos devotos, hoje, estão estreitamente ligadas à sentimentos profundos de não pertença. Sem o sentido de haver sido enviado por uma comunidade acolhedora, uma vida compassiva não pode durar muito, e rapidamente degenera numa vida marcada pela apatia e pelo ódio. Esta não é pura e simplesmente uma observação psicológica, mas uma verdade teológica, pois separada de uma relação vital com uma comunidade acolhedora, uma relação vital com Cristo não é possível.

Agora devemos olhar de forma mais próxima para as dinâmicas da vida em comunidade. Nós vamos fazê-lo ao falar sobre os dois polos da vida madura de uma comunidade na qual a compaixão de Deus pode se tornar visível: deslocamento e conjunto.

5

Deslocamento

Saindo do lugar comum e adequado

A palavra *comunidade* geralmente expressa um certo modo de viver e trabalhar em apoio mútuo e de forma estimulante. Quando alguém diz "eu sinto falta do sentido de comunidade aqui; algo deveria ser feito para se construir uma comunidade melhor", ela ou ele provavelmente está sofrendo de solidão, alienação ou falta de apoio ou cooperação mútua. O desejo por comunidade é, na maioria das vezes, um desejo por um sentido de unidade, uma sensação de ser aceito e uma experiência de se sentir em casa. Por isso, não é estranho que para muitos dos observadores críticos do mundo contemporâneo, a palavra *comunidade* tenha sido associada a sentimentalismo, romantismo ou mesmo melancolia.

Se quisermos refletir acerca da comunidade no contexto da compaixão, devemos ir além dessas associações espontâneas. A comunidade não pode ser nunca o local onde a servidão obediente de Deus se revela se a comunidade for compreendida principalmente como algo quente, macio, caseiro, confortável ou protetor. Quando formamos uma comunidade principalmente para curar feridas pessoais, ela não pode se tornar o local onde nós efetivamente praticamos a solidariedade com as dores das outras pessoas.

O paradoxo da comunidade cristã é que as pessoas estão reunidas num deslocamento voluntário. A união daqueles que formam uma comunidade cristã é do tipo estar-juntos-em-deslocamento. De acordo com o dicionário Aurélio, deslocamento significa o ato ou efeito de deslocar-se, a mudança de um lugar para o outro, mudança do local comum ou apropriado. Esta se torna uma definição reveladora quando percebemos o quanto estamos preocupados em nos adaptar às normas prevalecentes e aos valores do nosso meio. Nós queremos ser pessoas comuns e adequadas vivendo vidas comuns e adequadas. Existe uma enorme pressão sobre nós para fazermos o que é comum e adequado – até mesmo a tentativa de ser melhor do que os outros é comum e adequada – e, desse modo, encontrar a satisfação pessoal na nossa aceitação geral. Isto é bastante compreensível já que o comportamento comum e adequado, que moldam uma vida comum e adequada, nos oferece a ilusão reconfortante de que as coisas estão sob controle, e que tudo aquilo que for extraordinário e inadequado pode ser mantido do lado de fora das muralhas da fortaleza que construímos.

O chamado à comunidade como aquele que escutamos do nosso Senhor é o chamado para que saiamos do lugar comum e adequado. Deixe o seu pai e a sua mãe. Deixem os mortos enterrarem os mortos. Mantenha a sua mão no arado e não olhe para trás. Vendo aquilo que você possui, dê o dinheiro aos pobres e me siga (Lc 14,26; 9,60.62; 18,22). Os Evangelhos nos confrontam com esta voz persistente que nos convida a sair do local confortável, do lugar no qual queremos permanecer, de onde nos sentimos em casa.

Por que isto é tão importante? É importante porque no deslocamento voluntário nós abandonamos a ilusão de "estarmos no controle" e, por isso, começamos a experimentar a nossa verdadeira condição, que é aquela de, como todos os outros, peregrinos no caminho e pecadores que precisam da graça. Através do deslocamento voluntário, nós combatemos a tendência de nos tornarmos complacentes num falso conforto e esquecer a nossa posição, fundamentalmente insegura que nós partilhamos com todas as pessoas. O deslocamento voluntário nos conduz ao reconhecimento existencial da nossa fratura interior e, dessa maneira, nos conduz à uma solidariedade mais profunda com as fraturas dos nossos companheiros seres humanos. A comunidade, enquanto local da compaixão, exige, desse modo, um deslocamento constante. A palavra grega para Igreja, *ekklesia* – de *ek* = para fora, e *kaleo* = chamar – indica que como uma comunidade cristã, somos pessoas chamadas para fora dos locais familiares, em direção dos territórios desconhecidos, para fora dos nossos lugares comuns e adequados, em direção aos locais aonde as pessoas sofrem e aonde podemos ter a experiência, com elas, das nossas fraturas humanas em comum e da nossa necessidade comum de cura.

No deslocamento voluntário a comunidade é formada, aprofundada e fortalecida. No deslocamento voluntário nos descobrimos uns aos outros como membros da mesma família humana, com quem podemos dividir as nossas alegrias e tristezas. Toda vez que queremos retornar ao que é comum e adequado, e toda vez que desejamos nos estabelecer e nos sentir em casa, estamos erigindo paredes entre nós e os outros, colocando em risco a comunidade, e reduzindo a compaixão à parte suave de uma vida essencialmente competitiva.

Seguindo o Senhor deslocado

O deslocamento voluntário como um modo de vida e não como um evento em particular é a marca do discipulado. Jesus, cuja compaixão desejamos manifestar no tempo e no espaço, é realmente um deslocado. Paulo descreve Jesus como alguém que se deslocou de modo voluntário: "ele tinha a condição divina e não considerou o ser igual a Deus como algo a que se apegar ciosamente. Mas esvaziou-se a si mesmo, e assumiu a condição de servo, tomando a semelhança humana" (Fl 2,6-7). Não se pode conceber um deslocamento maior. O mistério da encarnação é que Deus não permaneceu no lugar que consideramos apropriado para Deus, mas se deslocou para a condição de um ser humano sofredor. Deus *abdicou* de seu lugar celeste e assumiu uma posição entre homens e mulheres mortais. Ainda criança, Jesus é levado para o Egito para lhe proteger das ameaças do rei Herodes. Quando menino, ele deixa os seus pais e permanece no Templo para ouvir os doutores da lei e lhes fazer perguntas. Já como adulto, ele se dirige ao deserto por quarenta dias para jejuar e ser tentado pelo demônio. Durante os anos de ministério que se seguem, Jesus se desloca continuamente para longe do poder, do sucesso e da popularidade, de modo a permanecer fiel ao seu chamado divino. Quando as pessoas ficam animadas com os seus poderes de cura, ele as confronta com os seus pecados e não tem medo de despertar a ira deles. Quando eles ficam muito impressionados com a sua habilidade de multiplicar os pães e desejam fazer dele o seu rei, ele se afasta e os desafia a trabalhar para conseguirem a comida que oferece a vida eterna. Quando os seus discípulos pedem um lugar especial no paraíso, ele lhes pergunta se eles podem beber do cálice do sofrimento, e quando eles esperam uma vitória rápida e fácil, ele fala de dor e morte. Finalmente, esses deslocamentos o conduzem para a cruz. Lá, rejeitado por todos e se sentindo abandonado por Deus, Jesus se torna o mais deslocado dos seres humanos. Assim, o deslocamento de Jesus, que começou com o seu nascimento em Belém, encontra a sua expressão mais completa com a sua morte na cruz, do lado de fora das muralhas de Jerusalém. Paulo explicita este mistério ao dizer: "e, achado em figura de homem, humilhou-se e foi obediente até a morte, e morte na cruz!" (Fl 2,7-8).

Jesus Cristo é o Senhor deslocado, em quem a compaixão de Deus se fez carne. Nele, podemos enxergar a vida de deslocamento vivida em toda a sua plenitude. É seguindo o nosso Senhor deslocado que a comunidade cristã se forma.

Desaparecer como um objeto de interesse

Devemos agora olhar com mais profundidade o modo pelo qual o deslocamento se torna o caminho para a comunidade compassiva. À primeira vista, o deslocamento pode parecer perturbador. Muitas pessoas que experimentaram deslocamentos duros e cruéis podem testemunhar que o deslocamento desestabilizou a sua vida em família, destruiu a sua sensação de segurança, criou muito ódio e ressentimento, e os deixou com a sensação de que as suas vidas foram irremediavelmente prejudicadas. Pessoas deslocadas, portanto, são não, necessariamente, pessoas compassivas. Muitas delas se tornaram pessoas amedrontadas, desconfiadas e com tendência a reclamar. Num mundo com milhões de pessoas deslocadas, precisamos tomar cuidado para não romantizar o deslocamento ou fazer dele uma receita fácil para pessoas que procuram viver uma vida compassiva.

Mas também precisamos dizer que, especialmente num mundo com tantos deslocamentos violentos e cruéis, o chamado de Jesus para um deslocamento voluntário possui um apelo contemporâneo muito forte. Obviamente não se trata de um chamado a um comportamento conflituoso, mas um chamado à solidariedade para com milhões que vivem vidas turbulentas.

O paradoxo do deslocamento voluntário é que, apesar de ele aparentemente nos separar do mundo – da mãe, do pai, dos irmãos e irmãs, da família e dos amigos – nós, na realidade, nos encontramos em união mais profunda com ele. O deslocamento voluntário conduz a um viver compassivo exatamente porque nos conduz daquelas posições de destaque para aquelas de igualdade, de estarmos em lugares especiais para estarmos em todos os lugares. Este movimento é bem descrito por Thomas Merton. Após vinte anos de vida trapista, ele escreve no prefácio da edição japonesa de seu *A montanha dos sete patamares*: "o meu mosteiro ... é um lugar no qual eu desapareço do mundo como um objeto de interesse, de modo a estar em todos os lugares do mundo de forma oculta e compassiva".[10] Desaparecer do mundo como um objeto de interesse de modo a estar em todos os lugares do mundo de forma oculta e compassiva é o movimento básico da vida cristã. É o movimento que conduz à comunidade e à compaixão. Ele nos leva a ver com outros o que não conseguíamos ver antes, a sentir com outros aquilo que não conseguíamos sentir anteriormente, a ouvir com outros o que não conseguíamos ouvir antes.

As implicações para cada um de nós individualmente variam de acordo com os ambientes específicos nos quais vivemos e da nossa compreensão concreta do chamado de Deus para nós. O fato de que para Thomas Merton o deslocamento voluntário significou deixar a cátedra e entrar num mosteiro trapista é secundário. Para Martinho Lutero significou deixar o mosteiro e denunciar as práticas clericais escandalosas; para Dietrich Bonhoeffer significou voltar dos Estados Unidos pra a Alemanha e se tornar prisioneiro dos nazistas; para Simone Weil significou deixar o seu ambiente de classe média e ir trabalhar nas fábricas como uma trabalhadora qualquer; para Martin Luther King, Jr., significou deixar o lugar "comum e adequado" dos negros e liderar marchas de protesto. Mas para muitas pessoas isso sequer implica movimento físico, mas numa nova atitude em relação aos seus deslocamentos possíveis e à perseverança fiel em meios às suas vidas absolutamente comuns. Nenhum desses homens e mulheres, quer famosos ou desconhecidos, desejavam abandonar o mundo. Eles não queriam escapar das suas responsabilidades. Eles não desejavam fechar os olhos aos grandes sofrimentos e problemas do seu tempo. Eles não queriam se retirar a um pietismo ou uma introspecção autocentrada. Seu único objetivo era desaparecer como um objeto de interesse – um objeto de competição

---

10 Merton, Thomas. Prefácio à edição japonesa do seu *A montanha dos sete patamares (Nanae No Yama)*. Tokyo: Tokyo Publishing Company, 1965. Traduzido por Kudo Takishi.

e rivalidade, um objeto que pode ser comprado e vendido, usado ou abusado, medido, comparado, avaliado e pesado – e assim se tornarem membros da família humana através da ocultação e compaixão. Enquanto a nossa principal preocupação na vida for a de sermos interessantes e, portanto, dignos de atenção especial, a compaixão não pode se manifestar. Por isso, o movimento em direção à compaixão sempre se inicia ao se distanciar do mundo que deseja nos transformar em objetos de interesse.

É digno de nota o grande papel que o deslocamento voluntário desempenhou na história do cristianismo. Benedito foi para Subicao, Francisco para Carceri, Inácio para Manresa, Charles de Foucauld para o Saara, John Wesley para as regiões mais pobres da Inglaterra, Madre Teresa para Calcutá e Dorothy Day para o Bowery. Com os seus seguidores, eles saíram dos seus lugares comuns e adequados e se dirigiram aos locais aonde eles poderiam experimentar e expressar a sua solidariedade compassiva para com aqueles nos quais a fratura da condição humana era particularmente visível. Podemos afirmar, com certeza, que o deslocamento voluntário se localiza na origem de todas as grandes reformas religiosas.

São Francisco de Assis

O exemplo mais inspirador e desafiador do deslocamento é o de São Francisco de Assis. Em 1209, esse filho de um rico comerciante arrancou as roupas do seu corpo e se separou da sua família e dos seus amigos para viver uma vida de pobreza abjeta. Ao se retirar nu da cidade fortificada de Assis, do seu poder e a da sua segurança, e ao viver em cavernas e nos campos abertos, Francisco chamou atenção para a pobreza básica da humanidade. Ele revelou não só a sua nudez, bem como para a nudez de todas as pessoas perante Deus. Daquela posição de deslocamento, Francisco pôde viver uma vida compassiva; ele não era mais cegado pela pelas aparentes diferenças entre as pessoas, e podia reconhecer em todas elas seus irmãos e irmãs, que precisavam tanto da graça de Deus como ele próprio. G. K. Chesterton escreve:

> O que lhe conferia um poder extraordinário era isso; do Papa ao mendigo, do Sultão da Síria em seu pavilhão aos bandidos esfarrapados saindo do mato, nunca houve um homem que olhasse dentro daqueles olhos castanhos em chamas sem ter a certeza de que Francisco Bernardone estava realmente interessado *nele*, na própria vida única de cada um deles, do berço ao túmulo; que eles próprios estavam sendo valorizados e levados a sério, e não foram somente adicionados aos espólios de alguma política social, ou se tornado nomes em algum registro clerical… ele tratava toda a multidão de homens como uma multidão de reis.[11]

No pequeno grupo de irmãos que seguiam Francisco em sua pobreza, a vida compassiva era vivida. Esses homens, que nada possuíam para partilhar além da sua pobreza e que se tornaram completamente dependentes da graça de Deus, formavam uma verdadeira irmandade dos fracos, na qual eles podiam viver juntos em compaixão e estender a sua compaixão para todos aqueles que eles encontravam pelo caminho. A sua vida comunal em pobreza os preparava para a compaixão ilimitada. Chesterton escreve que o argumento de Francisco em favor da pobreza era o de que "os homens dedicados poderiam ir a todos os lugares para se misturar a todos os tipos de homens, mesmo os piores tipos deles, enquanto aqueles nada tivessem que pudesse ser usado como uma forma de pressão contra

---

11 Chesterton, Gilbert K. *St. Francis of Assisi*, Garden city: Doubleday Image Books, 1957, pp. 96-7.

eles. Se eles tivessem qualquer forma de laço afetivo ou necessidades como os homens comuns, eles se tornariam homens comuns".[12]

São Francisco nos oferece um exemplo impressionante de deslocamento que conduz à comunidade e à compaixão. Ao se afastar dos "lugares comuns e apropriados", São Francisco e os seus seguidores iluminaram a unidade da raça humana. Eles não fizeram isso simplesmente pelo seu modo de vida coletivo, mas também pelo modo com que eles criaram espaço para os outros em sua vida em comum.

Contudo, a história dos franciscanos também ilustra o fato de que, assim que o sucesso e a riqueza seduzem as pessoas de volta aos seus lugares comuns e apropriados, a vida em comunidade e a compaixão se tornam mais difíceis de ser encontradas. Isto não é verdade somente acerca dos franciscanos, mas de muitos outros grupos religiosos também. Portanto, é compreensível que a história do cristianismo esteja repleta de reformadores que constantemente se deslocavam para nos recordar de nossa grande vocação para uma vida compassiva.

Se nós realmente quisermos ser pessoas compassivas, é urgente que adotemos esta grande tradição de deslocamento. Enquanto as nossas casas, paróquias, conventos e mosteiros forem somente lugares comuns e apropriados, eles só irão despertar respostas comuns e apropriadas, e nada vai acontecer. Enquanto os religiosos estiverem bem vestidos, bem alimentados, bem cuidados, palavras sobre a solidariedade com os pobres permanecerão palavras piedosas, que provavelmente gerarão uma quantidade maior de bons sentimentos do que ações criativas. Enquanto estivermos fazendo bem aquilo que outros estão fazendo melhor e de forma mais eficiente, dificilmente podemos esperar que seremos considerados o sal da terra ou

---

12 *Ibid*. p. 101.

a luz do mundo. Resumindo: enquanto evitarmos o deslocamento, perderemos a vida compassiva para a qual Jesus nos chamou.

Aqueles que, como São Francisco de Assis, seguiram fielmente Jesus, nos mostraram que, ao desaparecer do mundo como objetos de interesse, podemos estar em todos os locais através da obscuridade e compaixão. Viver no mundo como objetos de interesse nos aliena. Ao viver no mundo através da obscuridade e da compaixão nos unimos a ele, porque isso nos permite descobrir o mundo no centro do nosso ser. Não é difícil perceber que aqueles que estão muito envolvidos com o mundo estão, via de regra, distante dos conflitos e das dores mais profundas, enquanto que aqueles que vivem em solidão e comunidade geralmente possuem um conhecimento maior dos acontecimentos mais importantes do seu tempo, além de uma maior sensibilidade em relação às pessoas que se encontram submetidas àqueles acontecimentos.

Desse modo, o deslocamento torna possível *estar* no mundo sem ser *do* mundo. Por isso Jesus orou na noite da sua morte: "Pai, eu não peço que os tires do mundo, mas que os guarde do maligno... Como tu me enviaste ao mundo, também eu os enviei ao mundo" (Jo 17,15.18).

Algo para reconhecer

Não confundamos a ideia de deslocamento voluntário como um convite à ação espetacular. Poderíamos pensar que, de modo a nos tornar pessoas compassivas, devemos fazer grandes gestos de despedida das nossas famílias, dos nossos amigos, empregos e casas. Tal interpretação está mais próxima do espírito dos pioneiros americanos do que do espírito dos discípulos de Cristo. O que precisamos compreender acima de tudo é que o deslocamento voluntário só pode se tornar uma expressão do discipulado quando ele se torna uma resposta a um chamado – ou, para dizer de outra maneira, quando ele é um ato de obediência.

Os cristãos cujas vidas estão marcadas por formas impressionantes de deslocamento explicam os seus movimentos não como projetos autoiniciados, com objetivos e metas claros, mas como reações ao convite divino, que geralmente exige um longo tempo para ser ouvido e compreendido. O gesto dramático de São Francisco de se despir e devolver as roupas ao seu pai só pode ser visto como um ato de discipulado porque ele foi o clímax de um conflito interno para descobrir a vontade de Deus. Só muito vagarosamente, após sonhos, visões e anos de oração e consulta, Francisco se tornou realmente consciente de que Deus o estava chamando para uma vida de pobreza extrema. Madre Teresa conta uma história parecida. Ela não deixou a sua comunidade para trabalhar com os moribundos em Calcutá simplesmente porque ela considerava isso uma boa ideia ou uma tarefa necessária, mas porque ela ouviu Deus a chamando, e ela descobriu que este chamado estava sendo confirmado pelas pessoas às quais ela pedia conselho e orientação. Aqueles que praticam o deslocamento voluntário como um método ou uma técnica para formar uma nova comunidade, e desse modo se tornarem compassivos, logo se encontrarão enrolados em seus próprios motivos complicados e envolvidos em muitos conflitos e muita confusão.

Esta é uma consideração importante, especialmente numa época em que tantas formas de autorrotuladas "santidades" estão sendo promulgadas. Até mesmo o desejo de se tornar uma pessoa santa se tornou sujeito às formas geralmente falsas e destrutivas de comportamento antissocial, um fato que revela mais acerca das nossas necessidades do que do chamado divino. Por isso, santos e outros cristãos "extraordinários" não deveriam nunca ser pessoas cujo comportamento devesse ser imitado. Pelo contrário, deveríamos ver neles uma lembrança viva de que Deus chama a cada ser humano de forma única, e cada um de nós deveria estar atento à voz de Deus em nossas próprias vidas, elas próprias únicas.

O que isso significa para nós em termos de deslocamento voluntário? Se o deslocamento voluntário é, de fato, um tema central na vida de Cristo e dos seus seguidores, não deveríamos começar a nos deslocar também? Provavelmente não. Ao contrário, devemos começar tentando identificar em nossas próprias vidas onde o deslocamento já esteja ocorrendo. Podemos estar sonhando com grandes atos de deslocamento e, ao mesmo tempo, deixando de notar, nos deslocamentos de nossas vidas, as primeiras indicações da presença de Deus.

Não precisamos procurar longamente para encontrar deslocamentos em nossas vidas. A maioria de nós já experimentou um deslocamento físico doloroso. Nós mudamos de um país para outro, do Oeste para o Leste, do Norte para o Sul, de um vilarejo para uma grande cidade, de um colégio pequeno onde todos se conhecem para uma universidade impessoal, de uma ambiente de trabalho agradável para uma posição de competitividade; em suma, de locais familiares para locais completamente estranhos. Além desses deslocamentos físicos, as nossas vidas podem ser marcadas por deslocamentos internos profundos. À medida que os anos passam, imagens e ideias familiares são geralmente modificadas. Modos de pensar, que por muitos anos nos ajudaram a entender o nosso mundo, se tornam objeto de crítica e são chamados de fora de moda ou conservadores. Os costumes e rituais que possuíam um papel central nos nossos anos de crescimento e desenvolvimento, repentinamente, deixam de ser apreciados pelos nossos filhos e vizinhos. Tradições familiares e celebrações das igrejas, que nos deram algumas das nossas memórias mais preciosas, são subitamente abandonadas e até mesmo ridicularizadas como baboseiras sentimentalistas, mágicas ou supersticiosas. Mais do que deslocamentos físicos, esses deslocamentos mentais e emocionais nos ameaçam e nos dão a sensação de estarmos perdidos ou abandonados.

Na nossa sociedade moderna, com a sua crescente mobilidade e pluralidade, nos tornamos sujeitos à – e mesmo vítimas de – tantos deslocamentos que é muito difícil manter um senso de enraizamento, e por isso somos constantemente tentados a nos tornar amargos e ressentidos. Portanto, a nossa tarefa mais imediata e difícil é permitir que esses deslocamentos se tornem lugares onde possamos escutar o chamado de Deus. Às vezes pode parecer mais fácil iniciar um deslocamento que nós podemos controlar do que aceitar livremente, e olhar de forma positiva, um deslocamento que se encontra completamente fora das nossas mãos. A principal questão é: "como eu posso vir a compreender e experimentar as ações carinhosas de Deus na situação concreta na qual eu me encontro?" Esta pergunta é difícil porque ela exige um olhar cuidadoso para os acontecimentos e experiências – por vezes dolorosos – do momento. "Onde já foi pedido a mim que eu abandonasse o meu pai e a minha mãe; onde já fui convidado a deixar que os mortos enterrem os mortos; onde já fui desafiado a manter a minha mão no arado e não olhar para trás?" Deus está sempre agindo em nossas vidas, sempre nos chamando, sempre nos pedindo para que carreguemos a nossa cruz e seguirmos. Mas será que somos capazes de ver, sentir e reconhecer o chamado de Deus, ou ficamos esperando por aquele momento ilusório em que ele realmente acontecerá? Fundamentalmente, o deslocamento não é algo que possamos fazer ou realizar, mas algo a reconhecer.

No, e através, deste reconhecimento, uma conversão pode ocorrer, uma conversão do deslocamento involuntário que conduz ao ressentimento, à amargura, resignação e apatia, para um deslocamento voluntário que pode se tornar a expressão do discipulado. Não precisamos procurar por cruzes, mas precisamos carregar as cruzes que sempre foram nossas. Por isso, seguir Jesus significa, em primeiro lugar e principalmente, descobrir em nossas vidas diárias a vocação única de Deus por nós.

É através do reconhecimento do nosso deslocamento, e da disponibilidade de ouvir nele os primeiros sussurros da voz de Deus, que começamos a formar uma comunidade e a viver vidas compassivas. Quando começamos a compreender os nossos reais deslocamentos físicos, mentais e emocionais como formas de discipulado, e começamos a aceitá-los obedientemente, nos tornarmos menos defensivos e deixamos de tentar esconder as nossas dores e frustrações. Então, o que parecia ser motivo de vergonha e embaraço se torna, antes, a base da comunidade, e aquilo que parecia nos separar dos outros se torna a base da compaixão.

Não há cidadãos comuns

Afirmar que a nossa tarefa principal é a de discernir o chamado de Deus nos reais deslocamentos das nossas vidas não implica uma resignação passiva às difíceis situações de tristeza, preocupação ou injustiça. Pelo contrário, implica o fato de que devemos olhar cuidadosamente para as situações nas quais nos encontramos, de modo a distinguir entre as forças construtivas e destrutivas e descobrir para onde Deus está nos chamando. Dessa maneira, a atenção cuidadosa às ações de Deus nas nossas vidas nos conduz à uma sensibilidade maior ao chamado de Deus. Quanto mais formos capazes de discernir a voz de Deus em meio às nossas vidas, mais seremos capazes de escutar quando Deus nos chama para formas mais radicais de deslocamento. De fato, alguns de nós são chamados a deixar as cidades e viver em cavernas; realmente, alguns de nós somos chamados a vender tudo aquilo que possuímos, dar tudo aos pobres, e seguir Cristo em completa pobreza. De fato, alguns de nós são chamados a abandonar os ambientes mais familiares e viver entre os doentes e moribundos; alguns são, de fato, chamados a se unir em comunidades de resistência pacífica, protestando em alto e bom som contra as mazelas sociais, a partilhar da miséria dos presos, do isolamento dos leprosos ou da agonia dos oprimidos; alguns são chamados até mesmo para se submeter à torturas e mortes violentas. Mas ninguém será capaz de escutar ou compreender esses mesmos chamados abençoados se ele ou ela não tiver reconhecido os pequenos chamados escondidos ao longo das horas dos nossos dias comuns. Nem todos são chamados do mesmo modo que Francisco de Assis, Madre Teresa, Martin Luther King, Jr., Cesar Chavez, Dorothy Day, Jean Vanier, Arcebispo Romero e Dom Hélder Câmara. Mas todos devem viver com a convicção profunda de que Deus age em sua vida de modo igualmente único. Ninguém jamais deveria pensar que ele ou ela é somente um "cidadão comum" no reino de Deus. Assim que começamos a levar a sério tanto a nós mesmos quanto a Deus, e permitimos que ele possa dialogar conosco, descobriremos que nós também somos chamados a deixar pais, mães, irmãos e irmãs, e seguir Jesus obedientemente. Muitas das vezes descobriremos que somos chamados a seguir para lugares que preferíamos não ir. Mas quando aprendermos a responder aos pequenos deslocamentos das nossas vidas diárias, os grandes chamados não parecerão assim tão grandes. Aí encontraremos coragem para segui-lo e nos surpreenderemos com a nossa liberdade de fazê-lo.

Portanto, o deslocamento voluntário é parte da vida de cada cristão. Ele nos conduz para longe dos lugares comuns e apropriados, quer outros percebam ou não. Ele nos conduz ao reconhecimento mútuo de que somos companheiros de viagem ao longo da mesma estrada, e assim cria-se comunidade. Finalmente, o deslocamento voluntário conduz à compaixão; ao trazer mais para perto de nós a nossa fratura, ele nos leva a abrir os olhos para os nossos companheiros humanos que buscam o nosso consolo e conforto.

6

União

O milagre de caminhar sobre o chão

A comunidade cristã se reúne no deslocamento e, ao fazê-lo, descobre e proclama uma nova maneira de estar reunida. Existem vários motivos que unem as pessoas. As pessoas geralmente se unem para se defender contra perigos comuns ou defender valores comuns. As pessoas também se unem por causa de gostos ou desgostos partilhados. Assim como o medo, o ódio também cria uma união. Após a ressurreição de Cristo, os discípulos se reuniram num cômodo trancado "por medo das autoridades" (Jo 20,19), e os governantes, anciões e escribas se reuniram em Jerusalém por causa da sua preocupação em comum com Pedro e os seus seguidores (At 4,5).

A união da comunidade cristã, porém, não é o resultado de um ódio ou de uma ansiedade em comum; ela cresce de um profundo senso de estar sendo chamada em conjunto para tornar a compaixão de Deus visível na concretude da vida diária. Nos Atos dos Apóstolos, temos um vislumbre dessa nova união: "todos os que tinham abraçado a fé reuniam-se e punham tudo em comum...e o Senhor acrescentava cada dia ao seu número [lit. a sua união] os que seriam salvos" (At 2,44-7). A comunidade cristã não é *reunida*, mas ela mesma se une. Ao deixar os lugares comuns e apropriados e responder ao chamado de Cristo, pessoas com trajetórias muito diferentes se descobrem mutuamente como companheiros de viagem unidos pelo discipulado comum.

É importante compreender que o deslocamento voluntário não é um objetivo em si mesmo; ele só faz sentido quando ele nos reúne de maneira nova. O deslocamento voluntário, como ele é apresentado nos Evangelhos, nos conduz à compreensão mútua de que mulheres e homens com lutas e necessidades parecidas se encontram por causa da consciência de sua vulnerabilidade. Portanto, nenhuma forma de deslocamento é autêntica se não nos reúne ou não nos aproxima. Se nós nos deslocamos para ser especiais, únicos ou extraordinários, nós simplesmente estamos exibindo formas sutis de competitividade que não conduzem à comunidade, mas ao elitismo. Aqueles que vão viver em mosteiros ou deixam os seus países só o fazem no espírito do Evangelho quando isso os aproxima ainda mais dos seus irmãos e irmãs da família humana.

É extraordinário o número de pessoas que ainda acreditam que padres, freiras, monges e eremitas constituem uma elite espiritual. Aquelas se referem a esses como pessoas vivendo em um outro mundo, com as suas próprias práticas misteriosas e desfrutando de uma conexão especial com Deus. O perigo desse modo de pensar é que ele divide o povo de Deus em "cristãos comuns" e "cristãos especiais", com o resultado de que o deslocamento voluntário deixa de conduzir à união, mas à separação. O verdadeiro deslocamento, porém, desperta uma nova e profunda consciência de solidariedade. O critério para qualquer forma de desapego, para qualquer forma de "deixar o lar", é o grau de campo em comum no qual nos unimos que ele revela.

Isto é muito bem ilustrado por um acontecimento que ocorreu num circo em New Haven, Connecticut. Depois de muitos números de domadores de leões e acrobatas, o equilibrista Philipe Petit entrou no picadeiro. Este francês pequeno e ágil iria exigir um tipo de atenção bem diferente daquelas aos outros artistas. O seu número não era tão glamuroso quanto se poderia pensar. De modo bastante irreverente, ele caminhou sobre um fio de ferro estendido entre duas pequenas torres, parecendo mais uma dança do que um número de equilibrismo. Ele agiu como se estivesse conquistando as torres e fez as pessoas rirem com os seus pulos aparentemente fáceis. Mas aí uma coisa incomum aconteceu, na qual ele revelou o seu impressionante talento. Ao final da sua performance, ele desceu para o picadeiro sobre um fio esticado entre a torre e o chão arenoso. Como isso era extraordinariamente difícil, todos seguiam os seus movimentos com especial atenção. Você podia ver as pessoas roendo as unhas e dizendo: "como é possível, como ele consegue?"

A tensão e a atenção aumentavam, e todos mantinham os seus olhos grudados nos braços estendidos de Philipe. Todos estavam tão completamente absortos em seu número que ninguém percebeu que, havia cinco segundos, Philipe já estava caminhando sobre o chão, seguro! Só depois que ele olhou pra baixo, para o chão, com uma cara perplexa, e levantou os olhos para a arquibancada com olhos surpresos e alegres foi que a tensão evaporou e todos começaram a aplaudir freneticamente. Aquele foi, de fato, um momento realmente artístico, porque Philipe, o artista, havia sido capaz de fazer com que a plateia olhasse com admiração para uma ação que todos os outros também poderiam realizar: andar sobre o chão! O grande talento desse equilibrista não é tanto o de causar admiração por causa de uma ação que ninguém poderia imitar, mas pelo fato de que nós olhamos com assombro para algo que todos nós podemos fazer em conjunto. Por isso, os aplausos que Philipe recebeu não foram simplesmente uma expressão de animação por causa da proeza especial de conseguir dançar entre duas torres; foi também uma expressão de gratidão pela redescoberta do milagre de que podemos caminhar, juntos e de forma segura, pelo chão.

Essa história ilustra como o deslocamento pode criar uma nova união. Philipe Petit teve que andar sobre um fio de aço para que pudéssemos ver o quão especial é o fato de que podemos caminhar sobre o chão. O principal efeito do fato de ele ser diferente, foi o de ter sido capaz de revelar um sentido mais profundo de igualdade. Se nós reclamarmos que não somos tão capazes como esse artista e nos sentirmos menos confiantes por causa da sua façanha, nós não o entendemos; mas se conseguirmos reconhecer, através do seu ato, que somos todos partes da mesma família humana, então este deslocamento é serviço verdadeiro. Os cristãos que se deslocam ao irem para mosteiros, terras estrangeiras ou locais muito carentes, não fazem essas coisas para serem considerados especiais ou para ser elogiados, mas para revelar que aquilo que nos separa é menos importante do que aquilo que nos une. E assim o deslocamento se torna o caminho misterioso pelo qual uma união compassiva é atingida.

Vendo os dons únicos dos outros

Esta nova união, não competitiva, abre os nossos olhos para o outro. E aqui penetramos na beleza da comunidade cristã. Quando desistimos do nosso desejo de ser diferentes ou extraordinários, quando abrimos mão da nossa necessidade de possuir um espaço próprio e especial na vida, quando a nossa maior preocupação é a de ser igual, e de viver essa igualdade em solidariedade, nós seremos capazes, então, de perceber os dons únicos uns dos outros. Reunidos em conjunto por causa de nossa vulnerabilidade comum, descobrimos o quanto temos para dar aos outros. A comunidade cristã é o oposto de um grupo de pessoas totalmente uniforme, cujo comportamento foi limitado a um certo denominador comum e cuja originalidade foi enfraquecida. Ao contrário, a comunidade cristã, reunida em discipulado comum, é o local onde os dons individuais podem ser despertados e colocados a serviço de todos. Pertence à essência desta nova união o fato de que os nossos dons únicos não são mais motivo de competitividade, mas elementos de comunidade; não mais qualidades que dividem, mas dons que unem.

Quando tivermos descoberto que o nosso senso de ego não depende das nossas diferenças, e que a nossa autoestima é baseada num amor muito mais profundo do que os elogios que porventura se possa receber por qualquer tipo de performance incomum, poderemos, então, enxergar os nossos talentos individuais como dons para os outros. Aí, perceberemos também que a partilha dos nossos dons não diminui o nosso valor como pessoa, mas aumenta-lhe. O fato de que um pequeno pedaço de dourado, azul ou vermelho seja parte de um mosaico esplêndido, não o torna menos, porém mais valioso, já que o pequeno pedaço contribui para uma imagem muito maior do que ele próprio. Desse modo, o nosso sentimento dominante em relação aos outros pode mudar do ciúme para a gratidão. Com uma clareza cada vez maior poderemos ver a beleza uns dos outros e despertá-la, para que ela se torne parte integral da nossa vida em comum.

Um antigo conto Sufi sobre um caçador de melancia nos oferece uma ilustração fascinante. Era uma vez um homem que, ao se perder, vagou da sua terra natal para a Terra dos Tolos. Lá, ele logo viu uma quantidade de pessoas fugindo em pânico de um campo onde elas estavam tentando colher trigo. "Há um monstro no campo", elas lhe disseram. Ele olhou e percebeu que se tratava de uma melancia. Ele se ofereceu para matar "o monstro" por elas. Depois de arrancar a melancia do caule, ele cortou um pedaço dela e começou a comer. As pessoas ficaram muito mais apavoradas com ele do que com a melancia. Elas o expulsaram com enxadas, aos gritos: "ele vai nos matar agora, a menos que nos livremos dele". Acontece que numa outra ocasião um outro homem havia se perdido e vagado, também, para a Terra dos Tolos, e exatamente a mesma coisa havia acontecido com ele. Mas, ao invés de se oferecer ajuda contra "o monstro", ele concordou com os Tolos que o monstro era perigoso e, ao se afastar, pé ante pé, conquistou a confiança daqueles. Ele passou um longo período com eles nas suas casas, até poder lhes ensinar, aos poucos, os fatos básicos que permitiram a eles não só perder o medo de melancias, mas também a cultivá-las.[13]

Este belo conto acerca do serviço obediente em solidariedade ilustra muito bem como a união compassiva não suprime os talentos individuais, mas os revelam e, com isso, eles ajudam a alcançar resultados. Nós geralmente pensamos que "serviço" significa dar alguma coisa aos outros, dizer-lhes como falar, agir ou se comportar; mas agora, parece que o serviço real e humilde adquire o significado, antes de mais nada, de ajudar os nossos vizinhos a descobrir que eles possuem grandes talentos, porém escondidos, e que esses podem ajudá-los a fazer muito mais por nós do que nós por eles.

Autoesvaziamento para os Outros

Ao revelar os dons individuais do outro, aprendemos a nos esvaziar. O autoesvaziamento não nos pede que adotemos qualquer forma de autoflagelação ou autoanálise, mas que prestemos atenção nos outros, de tal modo que eles comecem a reconhecer o seu próprio valor.

Prestar atenção nos nossos irmãos e irmãs na família humana está longe de ser uma tarefa fácil. Nós tendemos a ser tão inseguros acerca do nosso próprio valor, e a estar em constante busca de afirmação que é muito difícil não dedicar atenção integral a nós mesmos. Antes que tenhamos percebido, já estamos falando de nós mesmos, nos referindo às nossas experiências, contando as nossas histórias ou mudando o assunto da conversação para um território que nos seja familiar. A conhecida frase: "isso me lembra uma histó-

---

13 Shah, Idries. *The way of the Sufi*. New York: E. P. Dutton & Co., Inc., 1970, pp. 207 *ff*.

ria..." é um método comum para deslocar a atenção dos outros para nós mesmos. Prestar atenção nos outros com o desejo de torná-los o centro da atenção e fazer dos interesses deles os nossos é uma forma real de autoesvaziamento, já que para ser capaz de receber os outros na intimidade do nosso espaço interior devemos estar vazios. É por esta razão que ouvir os outros é tão difícil. Significa nos deslocar do centro da atenção e convidar os outros para ocupar esse espaço.

De nossa própria experiência sabemos como um convite como este pode ser curador. Quando alguém nos escuta com concentração total e expressa uma preocupação sincera com as nossas lutas e dores, sentimos que algo muito profundo está acontecendo conosco. Lentamente, os medos se dissolvem, as tensões se dissolvem, ansiedades diminuem, e descobrimos que carregamos algo dentro de nós, algo em que podemos acreditar e oferecer como um dom para os outros. A simples experiência de ser valioso e importante para alguém mais possui um tremendo poder recreativo.

Se tal experiência nos fosse dada, nós teríamos recebido um tipo de conhecimento precioso. Nós teríamos aprendido o real significado das palavras de Paulo: "julgando cada um os outros superiores a si mesmo" (Fl 2,3). Este não é um convite para uma falsa humanidade ou para a negação do nosso próprio valor, mas um chamado para se entrar no ministério curador do Cristo. Toda vez que prestamos atenção nos tornamos mais vazios, e quanto mais vazios nos tornamos, mais espaço para a cura podemos oferecer. E quanto mais vemos os outros serem curados, mais teremos a capacidade de perceber que não é por nossa causa que curamos, mas é por causa do Cristo em nós que a cura acontece.

Desse modo, em união nós revelamos os dons escondidos em cada um e os recebemos em gratidão, como contribuições valiosas para a nossa vida em comunidade.

Um dos exemplos mais impressionantes dessa união compassiva é a comunidade das pessoas deficientes em Roma. Nessa comunidade, fundada por Don Franco, adultos e crianças deficientes vivem juntos em famílias estendidas e revelam talentos nos outros que, antes, permaneceriam escondidos. A beleza da união deles é tão visível e tão convincente que muitas pessoas "saudáveis" se juntaram àqueles que são paralíticos, deficientes mentais, cegos, sindrômicos, aleijados e surdos, e descobriram com eles o grande dom da comunidade. Nessa comunidade, existem poucas pessoas que reclamam dos seus males, poucas pessoas com baixa autoestima ou com depressão profunda. Pelo contrário, elas são pessoas que descobriram os talentos únicos uns dos outros, e gozam em conjunto da riqueza da sua vida em comum.

Esta nova união é o local da compaixão. Onde as pessoas penetraram no espírito de Jesus, e deixaram de colocar os seus interesses em primeiro lugar, o Cristo compassivo se manifesta e uma presença curativa é dada a todos.

Unidos pela vocação

Ao deixar de fazer com que as nossas diferenças individuais se tornem a base da competição e ao reconhecer essas diferenças como contribuições potenciais para uma vida em conjunto mais rica, nós começamos a escutar o chamado à comunidade. Em e através de Jesus, pessoas de diferentes idades e estilos de vida, de raças e classes diferentes, com línguas e educações diferentes, podem se reunir em conjunto e testemunhar a presença compassiva de Deus no nosso mundo. Existem muitos grupos com interesses em comum, e a maioria deles parece existir para defender ou proteger algo. Apesar desses grupos frequentemente desempenharem importantes tarefas em nossa sociedade, a comunidade cristã possui uma natureza diferente. Quando formamos uma comunidade cristã, nos unimos não por causa de experiências, conhecimentos, problemas, cor ou sexo em comum, mas porque fomos chamados a nos unir pelo mesmo Deus. Só Deus nos permite cruzar as muitas pontes que nos separam; só o Senhor nos permite reconhecer um ao outro como membros da mesma família humana, e só ele nos liberta para prestarmos atenção um no outro. É por este motivo que aqueles reunidos em comunidade são testemunhas do Deus compassivo. Pela maneira através da qual elas conseguem carregar o fardo do outro, e partilhar as alegrias dos outros, elas dão testemunho da presença de Deus no nosso mundo.

A vida em comunidade é uma reação à nossa vocação. A palavra *vocação* vem do Latim *vocare*, que quer dizer "chamar". Deus nos convoca em conjunto, num povo feito à imagem de Cristo. É pelo chamado de Cristo que somos reunidos. Aqui precisamos distinguir cuidadosamente entre vocação e carreira. Quando somos tentados a acreditar que a nossa carreira é o mais importante, não podemos mais ouvir a voz que nos chama em conjunto; nos tornamos tão preocupados com os nossos próprios planos, projetos e promoções que empurramos todos aqueles que nos impedem de atingir os nossos objetivos. Carreira e vocação não são mutuamente exclusivas. Muitas pessoas se tornaram excelentes médicas, advogadas, técnicas e cientistas em resposta a um chamado de Deus ouvido em comunidade. Frequentemente a nossa vocação se torna visível num trabalho, tarefa ou esforço específico, mas a nossa vocação jamais poderá ser reduzida a essas atividades. Assim que pensamos que as nossas carreiras *são* as nossas vocações, corremos o risco de retornar aos lugares comuns e apropriados, governados pela competição humana, e de usar os nossos talentos mais para nos separar dos outros do que nos unirmos a eles em uma vida em comum. Uma carreira desconectada da vocação divide; uma carreira que expressa obediência à nossa vocação é a maneira concreta de fazer com que os nossos talentos individuais se tornem disponíveis à comunidade. Portanto, não é a nossa carreira, mas a nossa vocação que deveria guiar as nossas vidas.

A história da família americana que se segue oferece um bom vislumbre da diferença entre uma vocação e uma carreira. John,

Mary e os seus filhos levavam uma vida bastante comum e apropriada num subúrbio de Washington, D.C. John era um pesquisador de sucesso no campo de desenvolvimento comunitário. Ele oferecia workshops, dava aula na Universidade e produzia relatórios como qualquer outro bom pesquisador. Mary era uma mulher criativa que trabalhava com cerâmica e bordado. Seus filhos eram populares e amigos de todos na vizinhança. Todos que conheciam a família os respeitavam como pessoas de bem, bons cidadãos e cristãos praticantes. Mesmo assim, em meio ao sucesso deles, algo parecia estar faltando, alguma dimensão da vida que era difícil de ser expressa em palavras. Uma noite, quando John retornava para casa de uma palestra que ele havia acabado de dar exatamente sobre comunidade, ele subitamente percebeu que a sua própria família era tão alienada e distante como a maioria das outras. Quanto mais ele pensava nisso, mais ele percebia, em choque, que ele ganhava o seu sustento falando de ideais que ele mesmo não materializava. Ele se sentia como um pregador orgulhosamente pregando a humildade, raivosamente conclamando à paz e tristemente proclamando a alegria.

Quando o contraste entre a sua carreira de sucesso e a sua vida sem sucesso se tornou muito óbvio para se continuar sendo negado, John e Mary deram o passo corajoso de pegar a família e fazer um retiro de um ano, durante o qual eles viveram com muito pouco dinheiro, sem segurança social e "sucesso". E lá no retiro, longe dos seus lugares comuns e apropriados, eles redescobriram a vida. Eles enxergaram a natureza como nunca haviam feito anteriormente; eles ouviam uns aos outros como nunca haviam feito; eles rezavam como nunca haviam rezado antes; e eles se perguntavam por que haviam levado tanto tempo para perceber aquilo que estava bem debaixo dos seus narizes. Nesta nova situação, eles começaram a escutar com mais clareza o chamado que os convidava a viverem livres das compulsões do mundo, porém mais próximos uns dos outros e de seus vizinhos, e buscando continuamente uma compreensão mais profunda dos mistérios da vida. Aqui eles descobriram a vocação deles, uma vocação que sempre estivera lá, mas a qual eles não eram capazes de escutar por causa das exigências barulhentas das suas carreiras de sucesso.

Um dos resultados mais extraordinários e inesperados da "conversão" deles, foi o de que quando a vocação deles reemergiu e se deslocou para o centro das atenções, o mundo deles se transformou completamente. Palavras como *família*, *amizade* e *amor* se tornaram palavras novas, expressando novas experiências vividas. A pesquisa não era mais um aspecto da competitiva carreira acadêmica, mas a expressão de uma busca continuada por sentido. A liderança se transformou em serviço, a discussão para o convencimento se tornou um convite para se unir, e as aulas impressionantes se tornaram desafios empolgantes. Mais do que isso, o novo jeito deles de estar juntos revelou, no coração de muitas outras pessoas, desejos profundamente esquecidos que jamais haviam sido expressos até terem sido de fato vividos na vida concreta dessa família americana. Aquilo que para muitos havia sido considerado simplesmente um sonho romântico, subitamente se tornara real o suficiente para ser transformado em meta alcançável, um ideal que podia ser atingido. A vida compassiva não era mais uma fantasia, mas uma realidade visível na comunidade viva de pessoas que haviam descoberto, através do deslocamento, um novo modo de estarem juntos.

Uma vocação não é o privilégio exclusivo de monges, padres, freiras ou alguns leigos heroicos. Deus chama a todos que estejam escutando; não existe um indivíduo ou grupo exclusivo para qual o chamado de Deus esteja reservado. Mas para ser efetivo, um chamado deve ser ouvido, e para ouvi-lo devemos discernir continuamente a nossa vocação em meio as exigências que se acumulam nas nossas carreiras.

Assim, podemos ver como o deslocamento voluntário conduz à uma nova união, na qual podemos reconhecer a nossa participação na vulnerabilidade comum, descobrir os nossos talentos individuais como dons para a melhoria da comunidade, e ouvir o chamado de Deus, que continuamente nos convoca para uma vocação muito além das aspirações das nossas carreiras.

Parte Três

O caminho compassivo

7

Paciência

Uma disciplina que revela

Nesta terceira e última parte, queremos levantar a seguinte questão: existe um modo compassivo específico que pode ser praticado incessantemente? Nas nossas reflexões acerca da vida compassiva, a ênfase foi sobre o discipulado. Aqui a ênfase será sobre a disciplina. Discipulado e disciplina não podem nunca ser separados. Sem a disciplina, o discipulado é pouca coisa além do culto ao herói ou um interesse passageiro; sem o discipulado a disciplina facilmente se transforma num modo de autoafirmação ou em imitação. Disciplina e discipulado caminham juntos. Eles se fortalecem e se aprofundam em conjunto. Mesmo assim fazemos tantas associações – positivas e negativas – com a palavra *disciplina* que é difícil dar a ênfase correta a ela quando usada em conjunto com a expressão *discipulado*. Quando dizemos que as crianças precisam de mais disciplinas, que existe falta de disciplina nas escolas, e que sem autodisciplina ninguém consegue alcançar o seu objetivo, a palavra *disciplina* sugere um esforço rigoroso para se manter ou a si próprio ou aos outros sob controle, além de adquirir eficiência no comportamento humano. Mesmo quando usamos a palavra *disciplina* para designar um certo campo de estudos ou prática, ainda estamos falando, basicamente, de eficiência e controle. Porém, quando usamos a palavra *disciplina* para expressar o caminho para a vida compassiva, essas associações podem se tornar enganosas.

A disciplina na vida cristã não pode jamais ser entendida como um método rigoroso ou uma técnica precisa para se atingir a compaixão. A compaixão não é uma habilidade que podemos conquistar através do treinamento árduo, anos de estudo, ou cuidadosa supervisão. Não podemos obter um Mestrado ou um Doutorado em compaixão. A compaixão é um dom divino, e nunca o resultado de um estudo ou esforço sistemático. Numa época em que muitos cursos são criados para ajudar a nos tornar mais sensíveis, perceptivos e receptivos, precisamos ser lembrados continuamente que a compaixão não é conquistada, mas dada. Ela não é o resultado do nosso trabalho dedicado, mas é o fruto da graça de Deus. Na vida cristã, disciplina significa o esforço humano para revelar aquilo que estava escondido, para trazer à luz o que se encontrava oculto, e para colocar a luz na lamparina, e não debaixo de um cesto. É como retirar as folhas que cobrem os caminhos do jardim de nossas almas. A disciplina permite a revelação do espírito divino de Deus em nós.

A disciplina, na vida cristã, de fato exige esforço, mas é um esforço voltado mais para a revelação do que para a conquista. Deus sempre chama. Contudo, para escutar o chamado de Deus e permitir que aquele chamado guie as nossas ações se requer disciplina, para evitar que continuemos ou nos tornemos espiritualmente surdos. Existem tantas vozes competindo por nossa atenção e tantas atividades nos distraindo, que um esforço sério é necessário se quisermos nos tornar e permanecer sensíveis à presença divina em nossas vidas.

Deus nos chama nos dando um novo nome: Abrão se tornou Abraão, Jacó se tornou Israel, Saulo se tornou Paulo e Simão se tornou Pedro. Devemos buscar este novo nome porque o novo nome revela a vocação individual dada por Deus. Disciplina é o esforço para evitar a surdez e se tornar sensível ao som da voz que nos chama por um novo nome e nos convida à uma vida nova no discipulado.

Geralmente nos apegamos aos nossos nomes antigos porque os nossos novos nomes, as nossas novas identidades, podem apontar para direções que preferiríamos não seguir. Afinal de contas, Abraão, Israel, Paulo e Pedro não tiveram vidas fáceis após se tornarem obedientes à voz de Deus. Eles cruzaram caminhos difíceis e enfrentaram muitos perigos. Intuitivamente percebemos que existem vantagens naquela surdez e que as promessas de nossas vozes interiores são, na maioria das vezes, muito mais convincentes do que as de Deus. Mas também percebemos que ao permanecer surdos continuaremos a ser estranhos ao nosso eu mais profundo, e nunca alcançaremos a nossa verdadeira identidade. Sem disciplina, poderíamos até mesmo nunca vir a conhecer os nossos verdadeiros nomes. E isso seria a maior tragédia da nossa existência. As pessoas surdas se tornam pessoas sem nomes e sem destino, vagando sem objetivo, desconhecidos deles próprios, dos seus irmãos e das suas irmãs de viagem.

A disciplina, compreendida desta maneira, é indispensável na vida compassiva. Sem disciplina, as forças que nos chamam pelos nossos antigos nomes e nos empurram para os jogos competitivos se tornam muito fortes para resistir. Na prática diária de viver, precisamos ser capazes de fazer algo que evite que as sementes semeadas em nossas vidas sufoquem. Precisamos de um caminho específico e concreto que possa fornecer formação, condução e prática. Precisamos aprender não só acerca da vida compassiva, mas também do caminho compassivo.

Entrando ativamente na trama da vida

O que, então, é o caminho compassivo? O caminho compassivo é o caminho paciente. Paciência é a disciplina da compaixão. Isto se torna óbvio quando entendemos que a palavra *compaixão* pode ser compreendida como *com-paciência*. Ambas as palavras *paixão* e *paciência* possuem a sua raiz na palavra da língua latina *pati*, que significa "sofrimento". A vida compassiva poderia ser descrita como uma vida vivida pacientemente com os outros. Se perguntarmos, então, sobre a vida compassiva – sobre a disciplina da compaixão – a resposta será paciência. Se não pudermos ser pacientes, não podemos ser com-pacientes. Se nós próprios formos incapazes de sofrer, não podemos sofrer com os outros. Se nos faltar a força para carregar o fardo de nossas próprias vidas, não podemos aceitar o fardo de nossos vizinhos. A paciência é a disciplina dura, porém frutífera do discípulo do Deus compassivo.

Num primeiro momento, isso pode soar desapontador. E realmente soa como uma quebra de compromisso. Cada vez que escutamos a palavra *paciência*, tendemos a nos retrair. Quando crianças, ouvíamos aquela palavra usada tão frequentemente e em circunstâncias tão diferentes, que parecia a palavra a ser usada quando ninguém sabia mais o que dizer. Geralmente significava "espere" – espere a mamãe e o papai chegarem em casa, espere que o ônibus chegue, que o garçom traga a comida, que as aulas acabem, que a dor diminua, que a chuva pare ou que o carro seja consertado. Então, a palavra *paciência* acabou sendo associada com a falta de poder, com a incapacidade para agir, e com um estado geral de passividade e dependência. Portanto, é bastante compreensível que quando alguém com autoridade – nossos pais, o padre, o pastor, o professor, o patrão – digam: "seja paciente", nós frequentemente nos sentimos diminuídos e ofendidos. Geralmente, isso simplesmente significava que não iam nos contar o que realmente estava acontecendo, que estávamos sendo tratados de forma subserviente, e que tudo o que esperavam de nós é que ficássemos esperando passivamente até que alguém investido de poder decidisse o que fazer. É uma pena que uma palavra tão rica e profunda como *paciência* possua uma história tão pervertida na nossa cabeça. Com tal história, é difícil não considerar *paciência* como uma palavra opressiva usada pelos poderosos para manter aqueles que não possuem poder sob controle. De fato, não foram poucos aqueles em posições muito influentes que aconselharam a paciência simplesmente para evitar mudanças na Igreja e na sociedade.

Mas a verdadeira paciência é o oposto de um esperar passivamente no qual deixamos as coisas acontecerem e permitimos que outros tomem as decisões. Paciência significa entrar ativamente na trama da vida e suportar integralmente o sofrimento dentro e em volta de nós. Paciência é a capacidade de ver, ouvir, tocar, provar e cheirar o tanto quanto possível os acontecimentos internos e externos das nossas vidas. É penetrar nas nossas vidas com os olhos, ouvidos e mãos abertos para que realmente saibamos o que está acontecendo. A paciência é uma disciplina extremamente difícil exatamente porque ela neutraliza o nosso impulso irrefletido para fugir ou lutar. Quando vemos um acidente na estrada, algo em nós pisa no acelerador. Quando alguém se aproxima de uma questão sensível, algo em nós tenta mudar de assunto. Quando uma memória embaraçosa emerge, algo em nós deseja esquecer. E se não pudermos fugir, lutamos. Lutamos contra aqueles que possuem opiniões diferentes das nossas, contra aqueles que desafiam as nossas opiniões, que questionam o nosso poder e contra as circunstâncias que nos forçam a mudar.

A paciência exige de nós que possamos ir além da escolha entre fugir e lutar. É a terceira via e a mais difícil. Ela exige disciplina porque vai contra os nossos impulsos. Paciência envolve ficar com aquilo, viver aquilo e ouvir com atenção aquilo que se apresenta para nós no aqui e agora. Paciência implica parar na estrada quando alguém, em dor, precisa de atenção imediata. Paciência significa superar o medo de um assunto controverso. Significa prestar atenção às memórias vergonhosas e buscar o perdão sem ter que esquecer. Significa abraçar a crítica e avaliar as condições em mudança. Em resumo, paciência é a disposição em ser influenciado mesmo quando isso implica perder o controle e entrar em território desconhecido.

Jesus e os autores do Novo Testamento têm muito a dizer acerca da paciência ativa. A palavra grega para paciência é *hipomonē*. O fato de que esta palavra é traduzida em locais diferentes por diferentes palavras em português como *paciência, resistência, perseverança* ou *resiliência*, já nos sugere que estamos lidando com um conceito bíblico muito importante. Quando Jesus fala sobre paciência, ele a descreve como uma disciplina através da qual a presença vivificadora de Deus se torna manifesta. Paciência é a qualidade daqueles que são a terra fértil na qual a semente pode germinar e "dar fruto ao cêntuplo". "Esses são aqueles que", Jesus afirma, "estão em terra boa, tendo ouvido a Palavra com coração nobre e generoso, conservam-na e produzem fruto pela perseverança (*hipomonē*)" (Lc 8,8.15).

Isso torna evidente que Jesus considera a paciência como sendo central na vida dos seus seguidores. "Sereis traídos até por vosso pai e mãe, irmãos, parentes e amigos, e farão morrer pessoas do vosso meio, e sereis odiados de todos por causa do meu nome. Mas nem um só cabelo de vossa cabeça se perderá. É pela perseverança (*hipomonē*) que mantereis vossas vidas" (Lc 21,16-19) NVPR. Jesus não quer que os seus seguidores lutem ou fujam, mas que entrem de cabeça na confusão da existência humana. Ele chega ao ponto de pedir aos seus discípulos que não se defendam nos tribunais. Em meio ao seu sofrimento, eles descobrirão a voz do seu Deus compassivo que lhes dará a sabedoria. "Hão de vos prender, de vos perseguir, de vos entregar às sinagogas e às prisões, de vos conduzir a reis e governadores por causa de meu nome... tende presente em vossos corações não premeditar vossa defesa; pois eu vos darei eloquência e sabedoria, às quais nenhum dos vossos adversários poderá resistir nem contradizer" (Lc 21,12-16).

A paciência ativa, forte e frutífera sobre a qual Jesus fala é recorrentemente elogiada pelos apóstolos Paulo, Pedro, Tiago e João como a característica do verdadeiro discípulo. Paulo, em particular, nos oferece uma perspectiva profunda acerca do poder da paciência. Ele exorta o seu amigo Timóteo à perseverança e mansidão (1Tm 6,11) e escreve aos cristãos de Colossas: "revesti-vos de sentimentos de compaixão, de bondade, de humildade, mansidão e longanimidade" (Cl 3,12). Ele não hesita em se oferecer como exemplo de paciência (2Tm 3,10) e de enxergar a paciência como a fonte de uma solidariedade íntima entre ele próprio e o seu povo: "se somos atribulados, é para vossa consolação e salvação que o somos. Se somos consolados, é para vossa consolação, que vos faz suportar os mesmos sofrimentos que também nós padecemos. E a nossa esperança a vosso respeito é firme; sabemos que, compartilhando os nossos sofrimentos, compartilhareis também a vossa consolação!" (2Cor 1,6-7). Para Paulo, a paciência é, de fato, a disciplina da vida compassiva. Numa declaração gloriosa e vitoriosa ele escreve aos cristãos em Roma que através da paciência somos sinais vivos do amor compassivo de Deus: "... nós nos gloriamos também nas tribulações, sabendo que a tribulação produz a perseverança, a perseverança uma virtude comprovada, e a virtude comprovada a esperança. E a esperança não decepciona, porque o amor de Deus foi derramado em nossos corações pelo Espírito Santo que nos foi dado" (Rm 5,3-5).

Esta convicção de que a presença compassiva de Deus se torna manifesta através da nossa paciência, resiliência, perseverança e fortaleza, se torna a principal motivação para a disciplina da paciência. Isto é expresso de forma muito bela por Tiago quando ele diz: "tomai como exemplo de uma vida de sofrimento e de paciência os profetas que falaram em nome do Senhor. Notai que temos por bem-aventurados os que perseveraram pacientemente (*hypomeinantas*). Ouviste falar da paciência (*hipomonē*) de Jó e sabeis qual o fim que Deus lhe deu. Com efeito, *o Senhor é misericordioso e compassivo*" (Tg 5, 10-11). Desse modo, o Novo Testamento apresenta a disciplina da paciência como o caminho para uma vida de discipulado que nos torna sinais vivos da presença compassiva de Deus neste mundo.

Vivendo a plenitude do Tempo

A paciência como uma entrada ativa na trama da vida nos abre para uma nova experiência do tempo. A paciência nos permite compreender que o cristão que entrou no discipulado de Jesus Cristo vive não só com um novo espírito, mas num novo tempo. A disciplina da paciência se torna o esforço concentrado que permite que este novo tempo, ao qual somos conduzidos por Cristo, determine as nossas percepções e decisões. É este novo tempo que oferece a oportunidade e o contexto para estarmos reunidos de modo compassivo.

De modo a explorarmos de forma mais integral a distinção entre o tempo velho e o novo, e para alcançarmos uma apreciação mais profunda da importância da disciplina da paciência, olhemos para os nossos momentos impacientes. A impaciência sempre tem a ver com o tempo. Quando somos impacientes com aqueles que estão falando, queremos que eles parem de falar ou mudem para um outro assunto. Quando somos impacientes com as crianças, queremos que elas parem de chorar, de pedir sorvete ou ficar correndo por aí. Quando somos impacientes conosco, queremos mudar os nossos hábitos, terminar uma tarefa dada, ou seguir em frente mais rápido. Seja qual for a natureza da nossa impaciência, queremos deixar o estado físico e mental no qual nos encontramos e que cheguemos a um outro local, menos desconfortável. Quando expressamos a nossa impaciência, revelamos o nosso desejo de que as coisas mudem o mais rápido possível: "eu queria que ele aparecesse logo... Eu estou esperando há três horas e o trem ainda não chegou... Este sermão nunca vai terminar... Quanto tempo para chegar lá?" Essas expressões trazem um desconforto interno que geralmente se materializa através de pés batendo no chão, cruzar e descruzar de dedos e mãos, ou bocejos longos e profundos. Essencialmente, a impaciência implica a sensação de que um dado momento é vazio, inútil ou sem sentido. Significa querer escapar de um dado momento o mais rápido possível.

Aqueles que viajam muito geralmente reclamam do quão pouco de trabalho eles conseguem realizar durante as horas de espera em aeroportos, aviões, trens e ônibus. Os seus planos bem-intencionados de estudar os seus documentos, preparar as suas aulas, ou refletir acerca dos seus problemas são frequentemente frustrados, mesmo quando nada em especial os estejam distraindo. Parece que, como o intuito geral do mundo dos transportes está sempre tão preocupado em nos transportar do aqui e agora, qualquer atenção efetiva naquele momento exige mais energia do que somos capazes de reunir. O mundo dos transportes é, na verdade, uma impaciência comercializada. Pessoas impacientes podem ser, às vezes, difíceis, porém, muita paciência também pode significar o colapso de muitas companhias de transporte. As pessoas precisam se mover sem parar, de tal maneira que até mesmo ler um livro numa lanchonete de um aeroporto pode se tornar intolerável.

Qual é a origem dessa impaciência? É viver no tempo do relógio. O tempo do relógio é esse tempo linear pelo qual a nossa vida é medida em unidades abstratas que aparecem nos relógios, alarmes, celulares, computadores e calendários. Essas unidades de medida nos dizem o mês, o dia, a hora e o segundo no qual nos encontramos, e decidem por nós por quanto tempo ainda temos que falar, ouvir, comer, cantar, estudar, rezar, dormir, brincar ou permanecer. Nossas vidas são dominadas por nossos relógios e calendários. Em particular, a tirania da "uma hora" é enorme. São horas de visita, terapia e até mesmo da "happy-hour". Sem nos dar conta, nossas emoções mais íntimas são frequentemente influenciadas pelo relógio. Os grandes relógios de parede em hospitais e aeroportos já causaram grandes confusões internas e muitas lágrimas.

O tempo do relógio é o tempo externo, um tempo que possui uma objetividade dura, impiedosa. O tempo do relógio nos leva a imaginar por quanto tempo ainda iremos viver e se a "verdadeira vida" já não tenha, talvez, passado por nós. O tempo do relógio nos deixa desapontados com o hoje, e parece sugerir que, talvez amanhã, ou na próxima semana ou mesmo no próximo ano "*a verdadeira vida*" de fato aconteça. O relógio não para de repetir: "mais rápido, mais rápido, o tempo está passando, talvez você perca a 'coisa verdadeira'! Mas ainda resta uma chance... rápido – case, arranje um emprego, viaje para um outro país, leia um livro, faça um curso ... rápido! Tente fazer isso tudo antes que o tempo acabe". O tempo no relógio sempre nos faz partir. Ele gera impaciência e impede a possibilidade de qualquer tipo de união compassiva.

Mas felizmente, para a maioria de nós, houve outros momentos em nossas vidas também, momentos de uma qualidade completamente distinta, onde a experiência da paciência ocorre. Talvez aqueles momentos tenham sido raros em nossas vidas, mas eles fazem parte daquelas memórias preciosas que nos oferecem esperança e coragem durante os períodos turbulentos e tensos. Esses momentos de paciência são momentos nos quais nós temos uma percepção muito diferente da experiência do tempo. É a percepção do momento como sendo repleto, rico e fecundo. Essa experiência faz com que nós queiramos permanecer onde estivermos e que a saboreemos integralmente. De alguma maneira sabemos que neste tipo de momento tudo está contido: o começo, o meio e o fim; o passado, o presente e o futuro; a alegria e a tristeza; a expectativa e a realização; a busca e a descoberta. Esses momentos pacientes podem diferir muito entre si. Eles podem ocorrer enquanto estamos sentados à beira do leito de um doente e percebemos que o fato de estarmos juntos é a coisa mais importante. Eles podem ocorrer enquanto estamos trabalhamos numa tarefa

122

comum e repentinamente nos damos conta de como é bom simplesmente estar vivo e trabalhar. Eles podem ocorrer enquanto estamos sentados numa igreja tranquila e nos damos conta, sem esperar por isso, que tudo está presente aqui e agora. Nos recordamos desses e de outros momentos semelhantes com profunda gratidão. Dizemos: "parece que o tempo parou; tudo se reuniu e simplesmente foi. Jamais esquecerei aquele momento". Esses momentos não são necessariamente alegres, felizes ou extáticos. Eles podem estar recheados de tristeza e dor, ou podem ser marcados pela agonia ou pela luta. O que conta é a experiência de plenitude, a importância interna e a maturação. O que importa é o conhecimento real de que naquele instante a verdadeira vida nos tocou. Desses momentos não queremos nos afastar; pelo contrário, queremos vivê-los em sua plenitude.

A situação seguinte ilustra como tais momentos podem ser percebidos como momentos verdadeiros. Estamos reunidos com alguns amigos. Nenhum assunto urgente está sendo discutido, nenhum plano está sendo feito, não se está comentando a vida de ninguém de fora deste círculo de amigos. Fala-se pouco. Conhecemos as feridas uns dos outros. Sabemos que há conflitos não resolvidos. Mas não há medo. Olhamos uns aos outros com afeição e paciência, e então percebemos que estamos fazendo parte de um acontecimento maior: que tudo aquilo que poderia estar acontecendo com a nossa vida está acontecendo aqui e agora, que este momento guarda toda a verdade, e que ele permanecerá conosco para aonde quer que sigamos. Nós percebemos que estamos ligados aos nossos amigos por laços de amor e esperança que nenhuma distância no tempo e no espaço irão romper. Nós percebemos o que de fato são a unidade e a paz, e sentimos uma força interna percorrendo cada fibra de nosso ser. E podemos nos ouvir dizendo: "isto é graça".

A paciência desmancha o tempo do relógio e revela um novo tempo, o tempo da salvação. Esse não é o tempo medido pelas unidades abstratas e objetivas do relógio, do celular ou do calendário, mas é, antes, o tempo vivido internamente e percebido como o tempo pleno. É este o tempo pleno do qual as Escrituras falam. Todos os grandes acontecimentos dos Evangelhos ocorrem na plenitude do tempo. Uma tradução literal do Grego mostra isso com clareza: "quanto a Isabel, *completou-se o tempo* para o parto, e ela deu à luz um filho" (Lc 1,57). "Enquanto estavam lá, *completaram-se os dias* para o seu parto (de Maria), e ela deu à luz o seu filho primogênito" (Lc 2,6). "Quando se *completaram os dias para a purificação* deles, levaram-no a Jerusalém a fim de apresentá-lo ao Senhor" (Lc 2,22). E os acontecimentos verdadeiros sempre ocorrem nesta plenitude do tempo. A palavra *aconteceu* – em Grego *egeneto* – sempre anuncia um acontecimento que não é medido pelo externo, mas pelo tempo interno de maturação. Nos dias de Herodes, *aconteceu* de Zacarias ser o sacerdote que estava servindo no templo (Lc 1,5). No oitavo dia, *aconteceu* de irem circuncidar o menino (Lc 1,59). Naqueles dias, a*conteceu* de um decreto de César Augusto aparecer (Lc 2,1). Enquanto estavam em Belém, *aconteceu* de completarem-se os dias para o parto [de Maria] (Lc 2,6). Esses acontecimentos são todos anunciados como momentos de graça e salvação. E dessa maneira podemos perceber que o grande acontecimento do advento da vinda de Deus é reconhecido como o evento que marca a plenitude do tempo. Jesus proclama: "*cumpriu-se o tempo*, e o Reino de Deus está próximo" (Mc 1,15), e Paulo faz um sumário da grande nova quando ele escreve aos cristãos da Galácia: "quando, porém, chegou *a plenitude do tempo*, enviou Deus o seu filho, nascido de uma mulher ... a fim de que recebêssemos a adoção filial" (Gl 4,4-5) NVPR.

É este tempo pleno, grávido de vida nova, que pode ser encontrado através da disciplina da paciência. Enquanto formos escravos do relógio e do calendário, nosso tempo permanece vazio e nada de verdadeiro realmente acontece. Assim, perdemos os momentos de graça e salvação. Mas quando a paciência nos impede de correr de um momento doloroso na falsa esperança de que encontraremos o nosso tesouro noutro lugar, podemos lentamente começar a perceber que a plenitude do tempo já se encontra aqui e que a salvação já está ocorrendo. Aí, então, podemos descobrir que em e através de Cristo todos os acontecimentos humanos se tornam acontecimentos divinos, nos quais descobrimos a presença compassiva de Deus.

Tempo para celebrar com os outros

A paciência é a disciplina da compaixão porque através da paciência podemos viver na plenitude do tempo e convidar os outros a partilhá-la. Quando sabemos que Deus está nos oferecendo a salvação, encontra-se bastante tempo para estar com os outros e para celebrar a vida em conjunto.

Enquanto permanecermos vítimas do tempo do relógio, que nos força aos padrões rígidos das horas marcadas, estamos fadados a não ter compaixão. Quanto vivemos de acordo com o relógio não temos tempo para os outros. Estamos sempre a caminho da próxima "hora marcada" e não percebemos a pessoa na calçada que precisa de ajuda; estamos cada vez mais preocupados em não perder nada importante, e percebemos o sofrimento humano como uma interrupção desagradável dos nossos planos; estamos constantemente preocupados com as nossas noites, finais de semana e meses livres, e perdemos a capacidade de desfrutar das pessoas com quem trabalhamos diariamente. Porém, se aquele tempo do relógio perder a sua força sobre nós e começarmos a viver no tempo interno da abundância de Deus, então a compaixão se torna visível. Se a paciência nos ensina os ritmos naturais da vida e da morte, crescimento e declínio, luz e escuridão e nos permite experimentar este novo tempo com todos os nossos sentidos, aí então descobriremos um espaço ilimitado para os nossos companheiros seres humanos.

A paciência nos dá abertura para muitas pessoas diferentes, todas as quais são convidadas a saborear a plenitude da presença de Deus. A paciência abre os nossos corações para as crianças pequenas, e nos tornam conscientes para o importante fato de que os seus primeiros anos são tão importantes, aos olhos compassivos de Deus, quanto os seus anos de vida adulta. A paciência nos faz perceber que não é a duração da vida que conta, mas a sua plenitude. A paciência abre os nossos corações para os idosos e evita o juízo preconceituoso do tempo do relógio, que afirma que os seus anos mais importantes já tenham ficado para trás. A paciência nos abre para os doentes e moribundos, e nos permite sentir que um minuto de verdadeiro estar-junto pode remover a amargura de toda uma vida. A paciência nos permite dar um momento de atenção ao jovem executivo estressado e de criar um pouco de silêncio para jovens recém-casados muito ocupados. A paciência nos permite nos levar menos a sério e de suspeitar de toda vez em que os nossos planos altruístas e de serviço recaiam de novo na linha do tempo dos nossos relógios, celulares e calendários. A paciência nos torna amorosos, cuidadosos, suaves, e sempre gratos pela abundância dos dons de Deus.

Não é difícil reconhecer as pessoas que são pacientes. Na presença delas, algo de muito profundo ocorre conosco. Elas nos elevam da nossa inquietude e nos conduzem, com elas, à plenitude do tempo de Deus. Na presença delas sentimos o quanto somos amados, aceitos e cuidados. As muitas coisas, grandes e pequenas, que nos enchem de ansiedade subitamente perdem o seu poder sobre nós, e percebemos que tudo aquilo que realmente desejávamos está se materializando neste breve momento de compaixão.

O Papa João XXIII era uma dessas pessoas pacientes e compassivas. Na sua presença as pessoas se sentiam alçadas do meio dos seus problemas e descobriam um novo horizonte que os fazia perderem os seus medos e as suas ansiedades. Muitos trabalhadores rurais, trabalhadores de escritório, estudantes e empregadas também são assim. Do seu jeito quieto e discreto, eles fazem com que os seus amigos, seus filhos, e os seus vizinhos partilhem do tempo de Deus e, dessa maneira, os oferecem a compaixão graciosa de Deus.

Por isso, a paciência é o caminho que conduz à vida compassiva. É a disciplina do nosso discipulado. Já que a paciência deve ser bordada no tecido de nossas vidas, precisamos, agora, explorar em maiores detalhes como a disciplina da paciência assume os seus contornos e molda uma vida de oração e ação.

8

Oração

Com as mãos vazias

A disciplina da paciência é praticada na oração e na ação. A oração e a ação são integrais à disciplina da paciência. Neste capítulo queremos explorar como, em oração, conseguimos enfrentar o aqui e agora e encontrar o Deus compassivo no centro de nossas vidas.

À primeira vista, poderia parecer estranho conectar a oração com a disciplina da paciência. Mas não é necessária muita reflexão para perceber que a impaciência nos afasta da oração. Quantas vezes já nos dissemos: "eu realmente estou muito ocupado para rezar", ou "eu tenho tanta coisa importante para fazer que simplesmente não consigo encontrar a oportunidade para rezar", ou ainda, "toda vez que eu penso em rezar, aparece alguma outra coisa que exige a minha atenção"? Numa sociedade que parece estar repleta de urgências e emergências, a oração parece uma forma de comportamento artificial. Sem nos dar conta, aceitamos a ideia de que "fazer coisas" é mais importante do que a oração, e chegamos à conclusão de que rezar é para aquelas horas nas quais não há nada de urgente para se fazer. Apesar de concordarmos verbalmente, ou mesmo intelectualmente, quando alguém sublinha a importância da oração, nos

128

tornarmos de tal maneira crianças de um mundo impaciente, em que o nosso comportamento frequentemente expressa a noção de que rezar é uma perda de tempo.

Esse dilema mostra como é necessário enxergar a oração como disciplina. O esforço humano concentrado é necessário, porque a oração não é a nossa resposta mais natural em relação ao mundo. Entregues aos nossos impulsos, sempre preferiremos fazer alguma coisa antes de rezar. Por vezes, o que pensamos em fazer parece de tal maneira inquestionavelmente bom – estabelecer um programa de educação religiosa, ajudar a preparar a sopa na cozinha comunitária, ouvir os problemas das pessoas, visitar os doentes, planejar a liturgia, trabalhar com presos ou doentes mentais – que é difícil perceber que até mesmo essas coisas podem ser feitas de modo impaciente e que, dessa maneira, acabam se tornando muito mais sinais das nossas próprias necessidades do que da compaixão de Deus. Por isso, a oração é, de muitas formas, o critério da vida cristã. A oração exige que permaneçamos na presença de Deus com as mãos abertas, nus e vulneráveis, proclamando, perante nós próprios e os outros, que sem Deus nada podemos fazer. Isso é difícil num ambiente onde o conselho predominante é: "faça o melhor possível e Deus fará o resto". Quando se divide a vida em "fazer o melhor possível" e "Deus fará o resto", transformamos a oração num recurso último ao qual recorremos quando todos os nossos próprios recursos acabaram. Aí, até Deus se torna vítima da nossa impaciência. O discipulado não significa usar Deus quando nós mesmos não conseguimos mais funcionar. Pelo contrário, significa reconhecer que *nós* não podemos fazer absolutamente nada, mas que Deus pode fazer absolutamente tudo *através* de nós. Como discípulos, nós encontramos não alguma, mas toda a nossa força, esperança, coragem e confiança em Deus. Portanto, a oração deve ser a nossa principal preocupação.

Vamos dar uma olhada agora na prática da oração. De tudo aquilo que dissemos, fica claro que a oração não é um esforço para tentar fazer contato com Deus, para trazer Deus para o nosso lado. A oração, enquanto disciplina que fortalece e aprofunda o discipulado, é o esforço para remover tudo aquilo que possa evitar com que o Espírito de Deus, dado a nós por Jesus Cristo, fale conosco interna e livremente. A disciplina da oração é a disciplina através da qual nós desembaraçamos o Espírito de Deus dos nós dos nossos impulsos impacientes. É a maneira pela qual nós permitimos que o Espírito de Deus se movimente livremente.

No Espírito

Até agora mal mencionamos o Espírito Santo. Mas não podemos falar sobre oração sem falar do Espírito que Deus nos envia para nos tornar mais íntimos da vida divina. A vida cristã é uma vida espiritual exatamente porque ela é vivida no Espírito de Cristo. Isso pode ser facilmente incompreendido, como por exemplo, quando dizemos para os outros: "façamos isso no espírito daquele que foi tão bom conosco". Porém, o Evangelho utiliza uma linguagem muito mais forte. O Espírito é o Espírito Santo que Deus nos enviou em nome de Jesus (Jo 14,26). Este Espírito Santo é a própria vida divina pela qual nos tornamos, não só irmãos e irmãs de Cristo, mas também filhos e filhas de Deus. É por este motivo que Jesus pôde dizer: "é do vosso interesse que eu parta, pois, se eu não for, o Paráclito não virá a vós... quando vier o Espírito Santo, ele vos conduzirá à verdade plena... porque receberá do que é meu... tudo o que o Pai tem é meu" (Jo 16,7-15).

Assim, receber o Espírito Santo é receber a plenitude do amor do ágape. O Espírito torna o verdadeiro discipulado possível, um discipulado que envolve não somente seguir o caminho de Cristo, mas também participar com Cristo em sua vida mais íntima dentro da Trindade. Paulo expressa isso de modo poderoso quando ele escreve aos cristãos da Galácia: "e porque sois filhos, enviou Deus aos nossos corações o Espírito do seu Filho, que clama: *Abba*, Pai! De modo que já não és escravo, mas filho" (Gl 4,6-7. Cf. Rm 8,15) NVPR. Assim, Paulo também pôde dizer "já não sou eu que vivo, mas é Cristo em mim" (Gl 2,20).

A vida espiritual é a vida no Espírito, ou de modo mais preciso, a vida do Espírito em nós. É esta vida espiritual que nos permite viver com um novo espírito num tempo novo. Quando compreendermos isso, o sentido da oração se torna claro. É a expressão da vida do Espírito Santo em nós. A oração não é aquilo que é feito por nós, mas, ao contrário, é aquilo que é feito pelo Espírito Santo em nós. Paulo escreve aos coríntios: "e ninguém pode dizer 'Jesus é Senhor, a não ser no Espírito Santo'" (1Cor 12,3) NVPR, e aos romanos ele diz: "assim também o Espírito socorre a nossa fraqueza. Pois não sabemos o que pedir como convém; mas o próprio Espírito intercede por nós com gemidos inefáveis, e aquele que perscruta os corações sabe qual o desejo do Espírito; pois é segundo Deus que ele intercede pelos santos" (Rm 8,26-7) NVPR. A oração é o trabalho do Espírito Santo.

Isto indica que a oração, enquanto uma disciplina da paciência, é o esforço humano de permitir ao Espírito Santo que ele opere um trabalho *re-criativo* em nós. Esta disciplina envolve muitas coisas. Envolve a escolha constante de não fugir do momento presente na esperança ingênua de que a salvação irá surgir ao virar na próxima esquina. Envolve a determinação de escutar atentamente às pessoas e aos acontecimentos, de modo a discernir os movimentos do Espírito. Envolve a luta contínua para evitar que o nosso coração e a nossa mente se tornem entupidos com as muitas distrações que disputam a nossa atenção. Mas sobretudo, envolve a decisão de separar um tempo, todo dia, para ficarmos sozinhos com Deus e ouvir o Espírito. A disciplina da oração nos permite tanto discernir a presença do Espírito vivificante de Deus em meio às nossas agitadas vidas, quanto permitir ao Espírito que transforme constantemente as nossas vidas. Tendo se tornado livre, através da disciplina, para escutar pacientemente o Espírito de Deus e seguir os movimentos divinos daquele Espírito em nós, alcançamos a compreensão que esse Espírito nos recorda de todas coisas que Jesus disse e fez (Jo 14,26; 16,8), nos ensina a rezar (Rm 8,26-27) e nos empodera para que nos tornemos testemunhas até os confins da Terra (At 1,8). Então, compreendemos que o Espírito nos assegura da verdade (Rm 9,1), traz a justiça, paz e alegria (Rm 14,17), remove todos os limites da esperança (Rm 15,13), e torna tudo novo (Tt 3,5).

A disciplina da oração faz com que paremos e escutemos, esperemos e olhemos, saboreemos e vejamos, prestemos atenção e nos tornemos conscientes. Apesar de isso poder soar como um conselho para ser passivo, isso, na realidade, exige muita força de vontade e motivação. Podemos considerar a disciplina da oração como uma forma de deslocamento interior. A reação comum e apropriada ao nosso mundo é ligar o rádio, folhear o jornal, assistir um outro filme, falar com mais pessoas, ou procurar impacientemente novas atrações ou distrações. Ouvir pacientemente a voz do Espírito durante a oração é um deslocamento radical que, a princípio, cria um desconforto incomum. Estamos tão acostumados ao nosso modo de vida impaciente, que não esperamos muita coisa do momento. Toda tentativa de "viver o momento", ou "ficar no momento" é tão contrário aos nossos hábitos costumeiros, que todos os nossos impulsos se rebelam em protesto. Mas quando a disciplina nos mantém fiel, lentamente começamos a sentir que algo tão profundo, tão misterioso e tão criativo está acontecendo aqui e agora que somos atraídos para aquilo – não por nossos impulsos, mas pelo Espírito Santo. Em nosso deslocamento interior, experimentamos a presença do Deus compassivo. Paulo escreve para Tito:

> "Mas quando a bondade e o amor de Deus, nosso salvador, se manifestaram, ele salvou-nos, não por causa dos atos justos que houvéssemos praticado, mas porque, por

sua misericórdia, fomos levados pelo poder regenerador e renovador do Espírito Santo, que ele ricamente derramou sobre nós, por meio de Jesus Cristo, nosso Salvador, a fim de que fôssemos justificados pela sua graça, e nos tornássemos herdeiros da esperança da vida eterna. Esta é a mensagem fiel".

(Tt 3,4-8)

A oração nos revela o espírito do Deus compassivo. Como tal, ela é a disciplina que apoia o discipulado.

Uma intimidade toda-envolvente

Devemos agora buscar uma compreensão mais profunda do modo através do qual a oração, enquanto espera paciente dos movimentos internos do Espírito Santo, se torna uma disciplina da compaixão. O que a oração tem a ver com a vida compassiva? A vida compassiva não exige que estejamos juntos àqueles que sofrem; não exige que nos solidarizemos com os pobres, oprimidos e humilhados; não nos motiva a todos nós a entrarmos no meio da vida e experimentar as agruras da existência em solidariedade com os deserdados? Então, de que maneira a oração pode se tornar uma disciplina da compaixão?

Muitas pessoas tendem a associar a oração com um distanciamento dos outros, mas a verdadeira oração nos aproxima de nossos irmãos e irmãs aonde quer que eles estejam. A oração é a principal e indispensável disciplina da compaixão, precisamente porque a oração é também a primeira expressão da solidariedade humana. E por quê? Porque o Espírito que ora em nós é o Espírito através do qual todos os seres humanos se reúnem em unidade e comunidade. O Espírito Santo, o Espírito da paz, unidade e reconciliação, é constantemente revelado a nós como o poder através do qual pessoas dos mais variados históricos sociais, políticos, econômicos, raciais e culturais se reúnem como irmãos e irmãs do mesmo Cristo e filhos e filhas do mesmo Pai.

Para evitar que caiamos num romantismo espiritual ou num sentimentalismo piedoso, devemos prestar muita atenção na presença compassiva do Espírito Santo. A intimidade da oração é a intimidade criada pelo Espírito Santo, o qual, enquanto portador de um novo espírito e de um novo tempo, não exclui; ao contrário, inclui todos os seres humanos. Na intimidade da oração, Deus nos é revelado como o Deus que ama todos os membros da família humana tão pessoalmente e exclusivamente como Deus nos ama. Por isso, uma intimidade crescente com Deus aprofunda o nosso senso de responsabilidade pelos outros. Ela desperta em nós um desejo cada vez mais crescente de reunir o mundo inteiro, com todos os seus sofrimentos e dores, ao redor do fogo divino no nosso coração, e partilhar o calor revitalizante com todos aqueles que também queiram vir. Porém, é exatamente este desejo que requer uma paciência profunda e forte. O pintor Vincent van Gogh expressa esta disciplina da oração paciente quando ele escreve ao seu irmão Theo:

> Pode haver uma grande fogueira na nossa alma, mas, mesmo assim, ninguém nunca se aproxima para se aquecer nela, e os passantes só veem uma fumacinha saindo da chaminé, e seguem o seu caminho.
>
> Olhe aqui, agora: o que precisa ser feito? Deve-se cuidar do fogo interno, ser o sal, esperar pacientemente – e sabe-se com quanta impaciência – pelo momento em que alguém vai se aproximar, e se sentar perto da fogueira – talvez para ficar? Que aquele que acredita em Deus espere pela hora que chegará mais cedo ou mais tarde.[14]

---

14 *The complete letters of Vincent van Gogh* (Geenwich, Conn.: New York Graphic Society), vol. I, p. 197.

Uma das experiências mais poderosas numa vida de compaixão é a expansão do nosso coração até que ele atinja o tamanho de um abraço universal curador do qual ninguém está excluído. Quando, através da disciplina, tivermos superado a força dos nossos impulsos impacientes para fugir ou lutar, para nos tornarmos assustados ou irados, descobrimos um espaço ilimitado no qual podemos receber todas as pessoas do mundo. Por isso, a oração pelos outros não pode ser vista como um exercício extraordinário a ser praticado de tempos em tempos. Pelo contrário, ela é a própria batida de um coração compassivo. Rezar para um amigo doente, para um estudante deprimido, para um professor que esteja em conflito; para as pessoas que se encontram nas prisões, nos hospitais, nos campos de batalha; para aqueles que são vítimas da injustiça, que têm fome, que são pobres, pelos desabrigados; para aqueles que arriscam a sua carreira, a sua saúde e até mesmo a sua vida na luta pela justiça social; para os líderes da Igreja e do Estado – rezar para todas essas pessoas não significa um esforço fútil para influenciar a vontade de Deus, mas sim um gesto de hospitalidade pelo qual convidamos os nossos vizinhos para o centro dos nossos corações. Rezar para os outros significa torná-los parte de nós mesmos. Rezar para os outros significa permitir que as suas dores e os seus sofrimentos, suas ansiedades e solidões, suas confusões e os seus medos, ressoem no mais profundo dos nossos seres. Portanto, rezar é se tornar aqueles para quem oramos: se tornar a criança doente, a mãe amedrontada, o pai sofredor, o adolescente nervoso, o aluno com raiva e o grevista frustrado.

Rezar implica entrar numa solidariedade interna profunda com todos os seres humanos, de modo que, em nós e através de nós, eles possam ser tocados pelo poder curador do Espírito de Deus. Quando, como discípulos de Cristo, somos capazes de carregar os fardos dos nossos irmãos e irmãs, sentimos os seus ferimentos, e até mesmo nos arrasamos com os seus pecados, a nossa oração se torna a oração deles, o nosso grito por misericórdia se torna o grito deles. Na oração compassiva, trazemos perante Deus aqueles que sofrem – não só aqueles distantes, ou simplesmente aqueles no passado, mas aqui e agora no mais profundo do nosso ser. E, desse modo, é em nós e através de nós que os outros são recuperados; é em nós e através de nós que eles recebem uma nova luz, uma nova esperança, uma nova coragem; é em nós e através de nós que o Espírito de Deus os toca com a presença curadora de Deus.

Nossos inimigos também

A oração compassiva para todos os seres humanos está no centro da vida cristã. Jesus enfatiza o grande poder da oração quando ele diz: "e tudo que pedires com fé, em oração, recebereis" (Mt 21,22), e o apóstolo Tiago faz eco dessas palavras fortes quando ele escreve: "a oração fervorosa do justo tem muito poder" (Tg 5,16) NVPR. A oração compassiva é a marca da comunidade cristã. Os cristãos mencionam uns aos outros em suas orações (Rm 1,9; 2Cor 1,11; Cl 4,3), e ao fazê-lo, eles levam ajuda e até mesmo a salvação àqueles para os quais eles rezam (Rm 15,30; Fl 1,19). Porém, a prova final da oração compassiva vai além de orações para todos os cristãos, membros da comunidade, amigos e parentes. Jesus afirma de modo cristalino: "eu, porém, os digo: amai os vossos inimigos e orai pelos que vos perseguem" (Mt 5,44); e das profundezas da sua agonia na cruz, ele ora para aqueles que estão lhe matando: "Pai, perdoa-lhes: eles não sabem o que fazem" (Lc 23,34). Aqui, o significado total da disciplina da oração se torna visível. A oração nos permite conduzir ao centro dos nossos corações não só aqueles nos amam, mas também aqueles que nos odeiam. Isto só é possível quando estamos dispostos a fazer de nossos inimigos parte de nós mesmos e, dessa maneira, convertê-los, em primeiro lugar, nos nossos corações.

A primeira coisa que somos chamados a fazer quando pensamos nos outros como nossos inimigos é rezar por eles. Com certeza isso não é fácil. Isso exige disciplina para permitir àqueles que nos odeiam ou àqueles contra os quais sentimos hostilidade que entrem no centro dos nossos corações. As pessoas que tornam as nossas vidas difíceis e nos causam frustração, dor, ou até mesmo nos fazem mal, dificilmente encontram um lugar nos nossos corações. Porém, toda vez que superamos essa impaciência com os nossos adversários, e nos dispomos a escutar o grito daqueles que nos perseguem, também os reconhecemos como irmãos e irmãs. Rezar pelos nossos inimigos é, portanto, um acontecimento real, um evento de reconciliação. É impossível alçar os nossos inimigos à presença de Deus e, ao mesmo tempo, continuar a odiá-los. Visto a partir do local da oração, até mesmo o ditador inescrupuloso e o torturador repulsivo não podem mais ser vistos como objetos de medo, ódio e vingança, porque quando oramos, permanecemos no centro do grande mistério da Compaixão Divina. A oração converte o inimigo em amigo e, assim, inaugura-se um novo relacionamento. Provavelmente não existe uma oração tão poderosa quanto a oração pelos nossos inimigos. Mas ela também é a oração mais difícil, já que é contrária aos nossos impulsos. Isto explica porque alguns Santos consideram a oração pelos nossos inimigos como o principal critério de santidade.

Como discípulos do Cristo compassivo, que assumiu a condição de servo e morreu por nossa causa (Fl 2,7-8), não existem limites para as nossas orações. Dietrich Bonhoeffer expressa isso de forma simples e poderosa quando ele escreve que rezar para os outros é dar-lhes "o mesmo direito que recebemos, ou seja, ficar em frente ao Cristo e partilhar da sua misericórdia".[15] Quando chegamos perante Deus com as necessidades do mundo, o amor curativo do Espírito Santo que nos toca, toca todos aqueles que trazemos perante Deus

---

15 Bonhoeffer, Dietrich. *Life Together* (New York: Harper's), p. 86.

com a mesma força. A oração compassiva não encoraja o individualismo autoindulgente que faz com que fujamos das pessoas ou lutemos contra elas. Pelo contrário, ao aprofundar a nossa consciência de sofrimento comum, a oração nos aproxima cada vez mais na presença curativa do Espírito Santo.

Fiel até na fração do pão

Enquanto disciplina para viver o momento completamente e reconhecer nele a presença curadora do Espírito Santo, a oração encontra a sua expressão mais profunda na fração do pão. A conexão íntima entre compaixão, oração e a fração do pão é posta à luz na descrição da comunidade cristã primitiva: "eles mostravam-se assíduos aos ensinamentos dos apóstolos, à comunhão fraterna, à fração do pão e às orações .... partiam o pão pelas casas, tomando o alimento com alegria e simplicidade de coração. Louvavam a Deus e gozavam da simpatia de todo o povo" (At 2,42-47). A fração do pão está no centro da comunidade cristã. Ao partir o pão em conjunto, nós damos o testemunho mais claro ao caráter comunitário de nossas orações. Assim como o discipulado se expressa sobretudo em uma nova maneira de viver em união, do mesmo modo a disciplina da oração se revela como a primeira e principal disciplina comunitária. É na fração do pão em conjunto que o Espírito Santo se torna presente de modo tangível para a comunidade. A fração do pão, portanto, não é o momento no qual tentamos esquecer as dores da "vida real" e nos retiramos para uma cerimônia dos sonhos, mas a articulação festiva daquilo que percebemos como o centro das nossas vidas.

Quando fracionamos o pão em conjunto, nós revelamos, uns aos outros, a verdadeira história da vida de Cristo e das nossas vidas nele. Jesus pegou o pão, o abençoou, fracionou e deu aos seus amigos. Ele fez o mesmo quando viu uma multidão faminta e sentiu compaixão por ela (Mt 14,19; 15,36); ele fez a mesma coisa na noite anterior à sua morte quando ele quis se despedir (Mt 26,26); Jesus fez a mesma coisa quando ele se revelou aos dois discípulos que ele encontrara no caminho de Emaús (Lc 24,30). E desde a sua morte, os cristãos têm feito a mesma coisa em sua memória. Portanto, a fração do pão é a celebração, é tornar presente a história de Cristo e a nossa própria história. Ao pegar, abençoar, fracionar e distribuir o pão, o mistério da vida de Cristo é expresso no seu modo mais sucinto. O Pai pegou o seu filho e o enviou ao mundo para que, através dele, o mundo pudesse ser salvo (Jo 3,17). No Rio Jordão e no Monte Tabor Deus o abençoou com as palavras "este é o meu Filho amado, em quem me comprazo" (Mt 3,17; 17,5). O abençoado foi maltratado na cruz: "ele foi trespassado por causa das nossas transgressões, esmagado em virtude das nossas iniquidades" (Is 53,5). Mas através da sua morte, ele se ofereceu como nosso alimento, assim cumprindo as palavras que ele disse aos discípulos na Última Ceia: "isto é o meu corpo que é dado por vós" (Lc 22,19).

É nessa vida que é tomada, abençoada, fracionada e distribuída que Jesus Cristo quer que nos tornemos participantes. Por isso, ao fracionar o pão com os seus discípulos, ele disse: "fazei isso em minha memória" (Lc 22,19). Quando comemos o pão e bebemos o vinho juntos em memória do Cristo, nos tornamos intimamente ligados à sua vida compassiva. Na verdade, nós *nos tornamos* a sua vida e, por isso mesmo, nos tornamos capazes de representar a vida de Cristo em nosso próprio tempo e lugar. A nossa compaixão se transforma numa manifestação da compaixão de Deus, que pode ser vivida através de todos os tempos e de todos os lugares. A fração do pão conecta as nossas vidas fracionadas com a vida de Deus em Cristo, e transforma o nosso fracionamento num fracionamento que não conduz mais à fragmentação, mas à comunidade e ao amor. As feridas, em seus primeiros estágios de cicatrização, devem permanecer ocultas, mas as feridas que se tornaram portais para uma nova vida podem ser celebradas como novos sinais de esperança. E é exatamente por este motivo que a compaixão e o sofrer em conjunto podem ser celebrados em oração comunitária.

Ao fracionar em conjunto o pão, recuperamos a nossa condição fracionada ao invés de negar a sua realidade. Tornamo-nos mais conscientes do que nunca que fomos tomados, separados como testemunhas de Deus; que somos abençoados por palavras e atos de graça; e que nos tornamos fracionados, não por vingança ou crueldade, mas de modo a nos tornar pão que pode ser dado aos outros como comida. Quando duas, três, dez, cem ou mil pessoas comem do mesmo pão e bebem do mesmo cálice, e dessa maneira se tornam unidas com a vida fracionada e vertida de Cristo, elas descobrem que as suas próprias vidas são parte daquela mesma vida única, e assim se reconhecem como irmãos e irmãs.

Sobraram muito poucos lugares em nosso mundo onde a nossa humanidade comum pode ser elevada e celebrada, mas toda vez em que nos reunimos ao redor de símbolos simples como o pão e o vinho, nós derrubamos muitos muros e conseguimos ter um vislumbre das intenções de Deus para a família humana. E toda vez em que isso acontece, nós somos chamados a nos tornar mais preocupados não só com o bem-estar uns dos outros, mas também com o bem--estar de todas as pessoas em nosso mundo.

Desse modo, a fração do pão se torna uma expressão de solidariedade com todos aqueles que sofrem, quer estejam perto ou longe. Isso não leva à formação de "grupinhos", ao contrário, isso nos abre para toda a humanidade. Isso nos coloca em contato com pessoas cujos corpos e mentes foram destruídos pela opressão e pela tortura, e cujas vidas estão sendo destruídas nas prisões deste mundo. Isso nos coloca em contato com homens, mulheres e crianças cujas belezas física, mental e espiritual permanecem ocultas devido à falta de comida e abrigo. Isso nos coloca em contato com os moribundos nas ruas de Calcutá, e com os solitários nos arranha-céus de Nova York. Isso nos coloca em contato com pessoas como Sheila Cassidy na Inglaterra, Mairhead Corrigan e Betty Williams na Irlanda do Norte, Kim Chi Ha na Coreia, Molly Rush nos Estados Unidos, Jean Varnier na França, e muitos outros espalhados por todo o mundo, cujos gritos por justiça precisam ser ouvidos.

Essas conexões são, realmente, "conexões do pão", que nos desafiam a trabalhar com toda a nossa energia pelo pão de todas as pessoas. Dessa maneira, a nossa oração em conjunto se torna um trabalho em conjunto, e o chamado para fracionar o mesmo pão se torna um chamado para a ação.

9

Ação

Aqui e agora

Se a ênfase sobre a oração fosse uma fuga do envolvimento direto com as muitas necessidades e dores do mundo, então ela não seria uma verdadeira disciplina da vida compassiva. A oração nos desafia a permanecer completamente conscientes do mundo no qual vivemos e entregá-lo a Deus com todas as suas necessidades e dores. É esta oração compassiva que nos convoca à ação compassiva. O discípulo é chamado a seguir ao Senhor não só para o deserto ou para o alto das montanhas para rezar, mas também para o vale de lágrimas, onde a ajuda é necessária, como também para a cruz, onde a humanidade se encontra em agonia. Oração e ação, portanto, não podem nunca ser vistas como contraditórias ou mutuamente exclusivas. A oração desprovida da ação se torna um pietismo impotente, e a ação sem a oração degenera numa manipulação questionável. Se a oração nos conduz à uma unidade mais profunda com o Cristo compassivo, ela sempre dará origem a atos concretos de serviço. E se os atos concretos de serviço de fato nos conduzem à uma solidariedade mais profunda com os pobres, os famintos, os doentes, os moribundos e os oprimidos, aqueles atos sempre darão origem

142

à oração. Na oração encontramos Cristo, e nele todo o sofrimento humano. No serviço encontramos pessoas, e nelas o Cristo sofredor.

A disciplina da paciência se revela não só no modo como rezamos, mas também no modo como agimos. Nossas ações, como nossas orações, devem ser uma manifestação da presença compassiva de Deus em meio ao nosso mundo. Ações pacientes são ações através das quais o amor curador, consolador, reconfortante e unificador de Deus pode tocar o coração da humanidade. Elas são ações pelas quais a plenitude do tempo pode se revelar e a justiça e a paz de Deus podem guiar o nosso mundo. Essas são ações através das quais as boas novas são levadas aos pobres, a liberdade aos prisioneiros, uma nova visão aos cegos, a libertação aos oprimidos, e o ano da graça de Deus é proclamado (Lc 4,18-19). Aquelas são ações que removem o medo e a suspeita, remove a competição selvagem que causa a corrida armamentista, remove o abismo cada vez maior entre os ricos e os pobres, e o aumento da crueldade dos mais poderosos em relação aos mais fracos. São ações que levam as pessoas a ouvir uns aos outros, falar uns com os outros, e curar as feridas uns dos outros. Resumindo, essas são ações baseadas na fé que conhece a presença de Deus em nossas vidas, e deseja que esta presença seja sentida pelas pessoas, comunidades, sociedades e nações.

A ação paciente é uma disciplina dura. Às vezes as nossas vidas se tornam tão sobrecarregadas, que toda gota de esforço é exigida para se sobreviver até o final do dia. Aí, então, fica difícil valorizar o momento presente, e ficamos limitados a sonhar sobre um tempo e local futuro aonde tudo será diferente. Nós queremos nos distanciar do momento presente tão rápido quanto possível, e criar uma situação nova onde as dores presentes desapareçam. Mas este tipo de ação impaciente faz com que nós não reconheçamos as possibilidades do momento e, assim, podemos ser facilmente conduzidos ao fanatismo intolerante. A ação, enquanto disciplina da compaixão, exige a disponibilidade de se responder às necessidades bastante concretas do momento.

O teste da credibilidade

Provavelmente nenhum autor do Novo Testamento é tão explícito sobre a importância dos atos concretos de serviço quanto Tiago. Ele escreve: "com efeito, a religião pura e sem mácula diante de Deus, nosso Pai, consiste nisso: visitar os órfãos e as viúvas em suas tribulações e guardar-se livre da corrupção do mundo" (Tg 1,27). De forma bastante irônica, Tiago mostra às "doze tribos dispersas" – i. e., os judeus cristãos espalhados por todo o mundo greco-romano – a importância de atos concretos de serviço.

> Meus irmãos, se alguém disser que tem fé, mas não tem obras, que lhe aproveitará isso? Acaso a fé poderá salvá-lo? Se um irmão ou uma irmã não tiverem o que vestir e lhe faltar o necessário para a subsistência de cada dia, e se alguém dentre vós lhes disser: "ide em paz, aquecei-vos e saciai-vos", e não lhe der o necessário para a sua manutenção, que proveito haverá nisso? Assim também a fé, se não tiver obras, está morta em seu isolamento.
>
> (Tg 2,14-17) NVPR

Tiago chega ao ponto de instruir os seus leitores acerca de como falar com aqueles que pensam que simplesmente ter fé em Deus é suficiente.

> De fato, alguém poderá objetar-lhe: tu tens a fé e eu tenho obras.
> Mostra-me a tua fé sem obras e eu te mostrarei a fé pelas minhas obras. Tu crês que há um só Deus? Ótimo! Lembra-te, porém, que também os demônios creem, mas estremecem. Queres, porém, ó homem insensato, a prova de que a fé sem obras é vã?
>
> (Tg 2,18-20) NVPR

Após mostrar como nas vidas de Abraão e Raab a fé e os atos trabalham em conjunto, Tiago conclui: "com efeito, como o corpo sem o sopro da vida é morto, assim também é morta a fé sem obras" (Tg 2,26).

É óbvio que Tiago simplesmente sublinha, num contexto novo, a ênfase de Jesus em atos concretos de serviço. Quando os discípulos de João Batista perguntam a Jesus se ele é "aquele que há de vir ou devemos esperar um outro", Jesus aponta para as ações dele "os cegos recuperam a vista, os coxos andam, os leprosos são purificados, os surdos ouvem os mortos ressuscitam e aos pobres é anunciado o Evangelho" (Lc 7,22-23). As ações dele são a fonte da sua credibilidade. A mesma coisa também vale para os seus discípulos. Jesus quer que eles sejam pessoas de ação. Ele deixa pouca dúvida quando emite a sua opinião "aquele, porém, que escutou e não pôs em prática, é semelhante a um homem que construiu sua casa ao rés do chão, sem alicerce. A torrente deu contra ela, e imediatamente desabou; e foi grande a sua ruína!" (Lc 6,49). Com grande persistência, Jesus enfatiza que o teste do verdadeiro discipulado não está nas palavras, mas nas ações: "nem todo aquele que me diz: 'Senhor, Senhor' entrará no Reino dos Céus, mas sim aquele que pratica a vontade do meu Pai que está no céu" (Mt 7,21-22). Na verdade, a oração deve gerar frutos específicos. O critério último do valor da vida cristã não é, portanto, a oração, mas a ação. Num ambiente "intelectual" de professores, mestres, escribas e fariseus, Jesus quer que os seus discípulos descubram, por si sós, que simples palavras não os conduzirão ao Reino.

> Que vos parece? Um homem tinha dois filhos. Dirigindo-se ao primeiro, disse: 'filho, vai trabalhar hoje na vinha'. Ele respondeu: 'não quero'; mas depois, reconsiderando a sua atitude, foi. Dirigindo-se ao segundo, disse a mesma coisa. Este respondeu: 'eu irei, senhor'; mas não foi. Qual dos dois realizou a vontade do pai? Responderam-lhe: 'o primeiro'.
>
> (Mt 21,28-31)

Caso ainda existisse qualquer dúvida na mente daqueles que lhe ouviam, Jesus acaba com esses vestígios de dúvida quando ele descreve o Julgamento Final, no qual atos concretos de compaixão são o sinal inequívoco da "religião pura" (Tiago). Talvez em nenhuma outra passagem do Novo Testamento encontremos a importância da disciplina da ação apresentada de forma tão clara:

Quando o Filho do Homem vier em sua glória, e todos os anjos com ele, então se assentará no trono da sua glória. E serão reunidas em sua presençatodas as nações e ele separará os homens uns dos outros, como o pastor separa as ovelhas dos cabritos, e porá as ovelhas à sua direita e os cabritos à sua esquerda. Então dirá o rei aos que estiverem à sua direita: "vinde, benditos de meu Pai, recebei por herança o Reino preparado para vós desde a fundação do mundo. Pois tive fome e me destes de comer. Tive sede e me destes de beber. Era forasteiro e me recolhestes. Estive nu e me vestistes, doente e me visitastes, preso e vieste ver-me". Então, os justos lhe responderão: "senhor, quando foi que te vimos com fome e te alimentamos, com sede e te demos de beber? Quando foi que te vimos forasteiro e te recolhemos ou nu e te vestimos?

Quando foi que te vimos doente ou preso e fomos te ver?" Ao Que lhes responderá o rei: "em verdade vos digo, cada vez que fizeste a um desses meus irmãos mais pequeninos, a mim o fizeste". Em seguida, dirá aos que estiverem à sua esquerda. "Apartai-vos de mim, malditos, para o fogo eterno preparado para o diabo e para os seus anjos. Porque tive fome e não me destes de comer. Tive sede e não me destes de beber. Fui forasteiro e não me recolhestes. Estive nu e não me vestistes, doente e preso e não me visitastes". Então, também eles responderão: "Senhor, quando é que te vimos com fome ou com sede, forasteiro ou nu, doente ou preso e não te servimos?" E ele responderá com estas palavras: "em verdade vos digo: todas as vezes em que o deixastes de fazer a um desses pequeninos, foi a mim que deixastes de fazer.

E irão estes para o castigo eterno, enquanto os justos irão para a vida eterna".

(Mt 25,31-46) NVPR

Esta cena dramática representa de forma vívida o sentido da disciplina da ação. A ação com e por aqueles que sofrem é a expressão concreta da vida compassiva e o critério último para que alguém possa ser considerado um cristão. Tais ações não se encontram ao lado dos momentos de oração e culto: elas próprias são esses momentos. Por quê? Porque Jesus Cristo, que não se apegava à sua divindade e se tornou como um de nós, pode ser encontrado aonde quer que existam pessoas famintas, sedentas, alienadas, nuas, doentes e presas. E é exatamente quando vivemos em contínua conversação com Cristo, e permitimos ao Espírito guiar as nossas vidas, que reconheceremos o Cristo nos pobres, nos oprimidos, nos humilhados, e ouviremos o seu grito e responderemos a ele onde quer que ele se revele. Portanto, ação e oração são dois aspectos da mesma disciplina da paciência. Ambas exigem que estejamos presentes no sofrimento do mundo aqui e agora, e que respondamos com as necessidades específicas daqueles que constituem o nosso mundo, um mundo reivindicado por Jesus Cristo como sendo o dele. Desse modo, o culto se torna ministério, e o ministério, culto, e tudo aquilo que dizemos ou fazemos, pedimos ou recebemos, se torna um caminho para a vida na qual a compaixão de Deus pode se manifestar.

A tentação do ativismo

Os discípulos falam das suas ações como manifestações da presença ativa de Deus. Eles não agem para mostrar o poder deles, mas o poder de Deus; eles não agem para redimir as pessoas, mas para revelar o poder redentor de Deus; eles não agem para criar um novo mundo, mas para abrir os corações e ouvidos para Aquele que está sentado no trono e diz: "eis que eu faço novas todas as coisas" (Ap 21,5).

Na nossa sociedade, que equaciona valor com produtividade, a ação paciente é muito difícil. Nós tendemos a nos preocupar em fazer alguma coisa produtiva, realizar transformações, planejamentos, organizações, estruturas e reestruturações, que sequer nos damos conta que não somos nós que redimimos, mas Deus. Estar ocupado, "aonde a ação acontece" e "no controle das coisas" parecem ter se tornado os próprios objetivos. Aí esquecemos que a nossa vocação não é chamar atenção para os nossos poderes, mas para a compaixão de Deus.

A ação como o caminho para uma vida compassiva é uma disciplina difícil exatamente por causa da nossa necessidade de reconhecimento e aceitação. Essa necessidade pode facilmente nos levar a nos adequar às expectativas de que ofereceremos algo "novo". Numa sociedade que valoriza a busca por novos encontros, que é insaciável por novos acontecimentos e desesperada por novas experiências, é difícil deixar de se seduzir pelo ativismo impaciente. Na maioria das vezes não nos damos conta dessa sedução, especialmente porque aquilo que estamos fazendo é "bom e religioso". Mas até mesmo estabelecer um programa de ajuda humanitária, alimentar os pobres e dar atenção aos doentes pode se tornar mais uma expressão das nossas próprias necessidades do que o chamado de Deus.

Mas não nos tornemos muito moralistas sobre isso: não podemos jamais alegar motivações puras, e é melhor agir com e por aqueles que sofrem do que esperar até que tenhamos todas as nossas necessidades totalmente sob nosso controle. Porém, é importante permanecermos refletindo acerca das nossas próprias tendências ativistas. Quando as nossas próprias necessidades começam a dominar as nossas ações, o serviço em longo prazo se torna difícil, e logo nos tornamos cansados, esgotados e até mesmo amargurados pelos nossos esforços.

O recurso mais importante para neutralizar a constante tentação de se cair no ativismo, é nos recordar de que, em Cristo, tudo já foi alcançado. Esse conhecimento não deve ser compreendido como uma intuição intelectual, mas como uma compreensão da fé. Enquanto continuarmos a agir como se a salvação do mundo dependesse de nós, não atingiremos aquela fé que move montanhas. Em Cristo, a dor e o sofrimento humano já foram aceitos e vividos; nele, a nossa comunidade partida foi reconciliada e conduzida à intimidade do relacionamento com a Trindade. Por isso, a nossa ação deve ser compreendida como uma disciplina através da qual tornamos visível aquilo que já foi realizado. Tal ação é baseada na fé de que caminhamos em terreno sólido, mesmo quando cercados pelo caos, pela confusão, pela violência e pelo ódio.

Um exemplo comovente disso é dado por uma mulher que durante muitos anos viveu e trabalhou no Burundi. Um dia ela testemunhou uma guerra tribal cruel que destruiu tudo aquilo que ela e as pessoas que a ajudavam haviam construído. Muitos inocentes, a quem ela amava profundamente, foram brutalmente assassinados perante os seus olhos. Posteriormente, ela ainda conseguiu explicar que o conhecimento de que em Cristo todo esse sofrimento já havia sido realizado impediu que ela tivesse um colapso mental e emocional. O seu conhecimento profundo da ação salvadora de Deus fez com que ela não partisse dali, mas permanecesse ativa em meio a miséria indescritível, e encarasse a situação real com os olhos e os ouvidos abertos. As suas ações não eram simplesmente uma tentativa de reconstruir e, desse modo, superar todos os males que ela havia visto, antes, eram um lembrete às pessoas ao seu redor que Deus não é um Deus do ódio e da violência, mas um Deus da suavidade e da compaixão. Talvez somente aqueles que tenham sofrido muito sejam capazes de compreender o que significa dizer que Cristo sofreu as nossas dores e, na cruz, conseguiu nos reconciliar.

A compaixão não ocorre sem o enfrentamento

Entretanto, o ativismo não é a única tentação que requer disciplina. A ação impaciente não só produz pessoas estressadas e exageradamente comprometidas, como também tende a sentimentalizar a compaixão. Portando, a sentimentalidade é outra tentação para a qual precisamos da disciplina da ação. Quando estamos preocupados principalmente em ser amados, aceitos ou recompensados, nos tornamos muito seletivos com aquilo que devemos ou não devemos fazer. Tendemos, então, a nos limitar a fazer somente aquilo que nos renda reações simpáticas. E aqui chegamos num aspecto da compaixão que raramente reconhecemos como tal: o confronto. Em nossa sociedade, a disciplina da ação com frequência exige a coragem para confrontar. Estamos acostumados a associar a compaixão com aquelas ações pelas quais as feridas são curadas e as dores aliviadas. Mas numa época em que muitas pessoas não conseguem mais exercer os seus direitos humanos, milhões passam fome e toda a raça humana vive sob a ameaça de um holocausto nuclear, a ação compassiva significa muito mais do que oferecer ajuda àqueles que sofrem. O poder do mal se tornou tão claramente visível tanto em indivíduos como em estruturas sociais, que nada menos do que o confronto radical e inequívoco se faz necessário. A compaixão não exclui o confronto. Pelo contrário, o confronto é uma parte integral da compaixão. O enfrentamento pode, de fato, ser uma expressão autêntica da compaixão. Toda a tradição profética torna isso claro, e Jesus não é uma exceção. Infelizmente, até aqui, Jesus tem sido representado por tanto tempo como uma pessoa mansa que raramente nos damos conta de quão diferentemente os Evangelhos o descrevem.

No filme de Passolini *O Evangelho segundo São Mateus*, somos apresentados a um profeta agressivo e contundente que não evita irritar as pessoas e que, por vezes, parece desejar uma reação negativa. Apesar de a descrição de Passolini de Jesus ser parcial, não há dúvida que ele nos recorda, mais uma vez, quantas vezes Jesus entrou em confronto e o quão pouco preocupado ele estava com o tato e em agradar aos outros.

O enfrentamento direto e honesto é uma expressão verdadeira da compaixão. Como cristãos, estamos *no* mundo sem ser *do* mundo. E é exatamente essa posição que torna o confronto tanto possível quanto necessário. A ilusão do poder deve ser desmascarada, a idolatria deve ser anulada, a opressão e a exploração devem ser combatidas, e todos aqueles que participam nesses males devem ser enfrentados. Isto é compaixão. Não podemos sofrer com os pobres quando não estamos dispostos a enfrentar as pessoas e os sistemas que causam a pobreza. Não podemos libertar os presos se não queremos enfrentar àqueles que guardam as chaves. Não podemos professar a nossa solidariedade com aqueles oprimidos quando não estamos dispostos a enfrentar o opressor. A compaixão sem o confronto se transforma rapidamente em comiseração sentimental infrutífera.

Porém, se o confronto deve se tornar uma expressão da ação paciente, ele deve ser humilde. A nossa tentação constante é de cair numa vingança presunçosa ou numa condenação egoísta. O perigo, aqui, é que a nossa própria "esperteza" pode nos cegar. Quando o confronto é maculado pelo desejo de atenção, pela necessidade de vingança, ou pela sede de poder, ele pode facilmente se tornar egoísta e deixar de ser compassivo.

Não é fácil confrontar compassivamente. A presunção está sempre por perto, e a violência raivosa é uma tentação constante. O melhor critério para determinar se o nosso enfrentamento é mais compassivo do que agressivo, e se a nossa ira é justa ou farisaica, é, provavelmente, nos perguntarmos se nós permitiríamos ser confrontados como estamos fazendo. Conseguimos aprender com a indignação dirigida a nós? Quando formos capazes de aceitar ser confrontados com um NÃO dos outros, seremos mais capazes de enfrentar os outros com um NÃO. Dizer NÃO ao mal e à destruição, com a consciência de que eles também moram no nosso coração, torna humilde o nosso NÃO. Quando dizemos NÃO com humildade, esse NÃO se torna também um chamado para a nossa própria conversão. Um NÃO à injustiça racial significa um chamado para encararmos, de frente, o nosso próprio preconceito, e um NÃO à fome no mundo nos convoca a reconhecer a nossa própria falta de pobreza. Um NÃO à guerra exige que saibamos lidar com a nossa própria violência e agressividade, e um NÃO à opressão e à tortura nos força a lidar diretamente com as nossas próprias insensibilidades. Desse modo, todos os nossos NÃOS se tornam desafios para purificar os nossos próprios corações.

Neste sentido, o enfrentamento sempre inclui o confronto de si mesmo. Este autoenfrentamento impede que nos alienemos do mundo que confrontamos. Thomas Merton enxergou isso com clareza quando ele escreveu:

> O mundo enquanto um objeto puro é algo que não existe. Ele não existe como uma realidade externa a nós para a qual existimos ...
> Ele é um mistério autocriado do qual eu faço parte, para o qual eu próprio sou a minha porta de entrada exclusiva. Quando eu descubro o mundo no meu próprio território, é impossível se alienar dele.[16]

Aqui encontramos a chave para o confronto compassivo. O mal que precisa ser enfrentado e combatido possui um cúmplice no coração humano, inclusive nos nossos próprios. Portanto, cada tentativa de confrontar o mal no mundo exige a compreensão de que sempre existem dois campos de batalha aonde essa luta ocorre: uma frente inter-

---

16 Merton, Thomas. *Contemplation in a World of Action* (Garden City: Doubleday Image Books, 1971), pp. 154-55.

na e uma externa. Para que este enfrentamento se torne e permaneça sempre compassivo, essas duas frentes não devem ser nunca separadas.

Em gratidão

Quer se enfrente o mal no mundo ou se apoie o bem, as ações disciplinadas são sempre caracterizadas pela gratidão. A raiva pode nos tornar ativos e pode até gerar muita energia criativa. Mas não por muito tempo. Os ativistas sociais dos anos de 1960 que deixaram que a raiva fosse o combustível das suas ações, logo descobriram que eles perderam a sua força. Aqueles ativistas por vezes chegaram ao estado de exaustão física e mental, e precisaram de psicoterapia ou de uma "nova espiritualidade". Para perseverar sem sucesso visível precisamos do espírito de gratidão. Uma ação raivosa nasce da experiência de ter sido ferido; uma ação grata nasce da experiência da cura. Ações raivosas desejam tomar; ações gratas desejam partilhar. A gratidão é característica da ação realizada como parte da disciplina da paciência. É uma reação à graça. Ela nos leva a dar visibilidade ao bem que já se encontra presente, e não à conquista ou à destruição. Por este motivo, a vida compassiva é uma vida de gratidão, e as ações nascidas da gratidão não são obrigatórias, mas livres, não são sombrias, mas alegres, não são fanáticas, mas libertadoras. Quando a gratidão é a fonte das nossas ações, o nosso dar se torna receber, e aqueles a quem ensinamos se tornam os nossos mestres, porque no âmago do nosso cuidado pelos outros sentimos uma presença carinhosa, e em meio aos nossos esforços sentimos um apoio encorajador. Quando isto acontece, conseguimos permanecer alegres e em paz, mesmo quando não conseguimos alcançar muito sucesso para nos orgulhar.

Um belo exemplo dessa atitude foi dada por Cesar Chaves e pelos seus auxiliares quando, após uma longa campanha, a sua Proposta 14, que tentava assegurar o direito de organização dos trabalhadores rurais, foi derrotada. Ao invés de uma sensação de depressão, houve comemoração. Ao invés da sensação de derrota, houve uma sensação de vitória. Um jornalista, perplexo, escreveu: "se eles comemoram com toda essa alegria festiva quando eles perdem, imaginem como será quando eles vencerem?" O que ficou claro, foi que Cesar Chavez e as muitas mulheres e homens que haviam se unido a ele na campanha em favor da Proposta 14 estavam tão convencidos da justiça das suas ações, que o resultado final se tornou secundário em relação ao valor da própria ação. Houve muitos longos dias de oração e jejum para manter a campanha verdadeira e honesta. Houve horas de cantoria, de leitura das Escrituras e de partilha do pão em conjunto, para lembrar a cada um que os frutos de todas as ações vêm de Deus. E quando, por fim, a ação fracassou e o resultado desejado não ocorreu, as pessoas não perderam nem a esperança e nem a coragem, mas simplesmente decidiram tentar de novo da próxima vez. Enquanto isso, as pessoas haviam experimentado um profundo senso de comunidade umas com as outras, conheceram muitas pessoas generosas, e tiveram a sensação da presença de Deus de forma nítida no meio delas. Por isso, nenhuma delas foi para casa se sentido derrotada. Todas tinham uma história para contar, a história da experiência da compaixão de Deus quando as pessoas se reúnem em Seu nome.

A gratidão é, de fato, um sinal da ação guiada pela disciplina da paciência. Mesmo quando não ocorrem resultados concretos, a própria ação ainda pode ser vista como uma revelação da presença carinhosa de Deus aqui e agora. Tal ação é a verdadeira ação porque ela nasce do conhecimento verdadeiro da presença ativa de Deus. Ela não cresce da necessidade de provar algo ou convencer alguém, mas do desejo de dar um testemunho espontâneo acerca daquilo que é profundamente real. Quem coloca isso em palavras extremamente poderosas é São João:

O que era desde o princípio, o que ouvimos, o que vimos com nossos olhos, o que contemplamos, e o que as nossas mãos apalparam do Verbo da vida – porque a Vida manifestou-se: nós vimos o testemunho e vos anunciamos nós a vimos e lhe damos testemunho e vos anunciamos esta Vida eterna, que estava voltada para o Pai e que nos apareceu – o que vimos e ouvimos vo-lo anunciamos para que estejais também em comunhão conosco.

E a nossa comunhão é com o Pai e com o seu filho Jesus Cristo. E isto vos escrevemos para que a nossa alegria seja completa.

(1Jo 1,1-4)

Essas palavras representam uma articulação bastante eloquente do sentido da ação compassiva. Ela é a manifestação livre, alegre e, sobretudo, grata, de um encontro ocorrido. A energia enorme com a qual João, Pedro, Paulo e todos os discípulos "conquistaram" o seu mundo com a mensagem de Jesus Cristo veio daquele encontro. Eles não precisaram se convencer, ou convencer uns aos outros, de que estavam fazendo uma coisa boa; eles não tinham dúvidas acerca do valor do seu trabalho; eles não hesitaram acerca da relevância das suas ações. Eles não podiam fazer outra coisa, a não ser falar de Jesus, o elogiar, agradecê-lo e venerá-lo, porque foi a ele que eles ouviram, viram e tocaram. Eles não podiam fazer outra coisa senão levar a luz aos cegos, levar a liberdade aos aprisionados, e levar a libertação aos oprimidos, porque nessas ocasiões eles reencontravam Jesus. Eles não podiam fazer outra coisa, a não ser reunir as pessoas numa nova irmandade, porque dessa maneira Jesus estaria no meio deles. Como Jesus Cristo havia se tornado a verdadeira vida deles, a verdadeira preocupação deles, a verdadeira compaixão deles e o seu verdadeiro amor, viver se tornou ação e tudo na vida se tornou uma expressão permanente de agradecimento pelo amor compassivo, o grande presente de Deus.

Este é o significado mais profundo da ação compassiva. Ela é a expressão alegre, espontânea e grata do grande encontro com o Deus compassivo. E ela irá gerar frutos mesmo que não consigamos compreender nem o como e nem o porquê. Neste e através deste tipo de ação, percebemos que, de fato, tudo é graça, e que a nossa única resposta possível é a gratidão.

Conclusão

A Boa-nova que recebemos é a de que Deus é um Deus compassivo. Em Jesus Cristo, o servo obediente, que não se apegava à sua divindade e se tornou como um de nós, a totalidade da compaixão de Deus nos é revelada. Deus é Emanuel, 'Deus conosco'. O grande chamado que ouvimos é o de viver uma vida compassiva. Na comunidade formada no deslocamento, que conduz a um novo modo de estar juntos, podemos nos tornar discípulos – manifestações vivas da presença de Deus no mundo. A grande tarefa que nos foi dada é a de caminhar pelo caminho da compaixão. Através da disciplina da paciência, praticada na oração e na ação, a vida de discipulado se torna real e frutífera.

Enquanto vivermos sobre esta terra, as nossas vidas como cristãos devem ser marcadas pela compaixão. Mas não podemos concluir essas reflexões sobre a compaixão sem observar que a vida compassiva não é a nossa meta final. Na verdade, só podemos viver a vida compassiva em toda a sua inteireza se soubermos que ela aponta para além dela própria. Nós sabemos que Jesus, que se esvaziou e se humilhou, foi exaltado e recebeu um nome acima de todos os outros nomes; sabemos também que ele nos deixou para nos preparar um lugar onde o sofrimento será superado e a compaixão não será mais necessária. Há um novo céu e uma nova terra, aos quais aspiramos com esperança e expectativa paciente. Esta é a visão apresentada no Apocalipse:

> Vi então *um céu novo e uma nova terra* – pois o primeiro céu e a primeira terra se foram, e o mar já não existe. Vi também descer do céu, de junto de Deus, a Cidade santa, uma Jeru-

salém nova, pronta como uma esposa que se enfeitou para o seu marido. Nisto ouvi uma voz forte, que do trono, dizia: "eis a tenda de Deus com os homens. *Ele habitará com eles; eles serão o seu povo, e ele, Deus-com-eles será o seu Deus. Ele enxugará toda lágrima dos seus olhos*, pois nunca mais haverá morte, nem luto, nem clamor, e nem dor haverá mais. Sim! As coisas antigas se foram".

(Ap 21,1-4) NVRP

Esta é a visão que nos guia. Esta visão faz com que partilhemos os fardos uns dos outros, carreguemos as nossas cruzes juntos, e nos unamos para um mundo melhor. Esta visão acaba com o desespero da morte, retira a morbidez do sofrimento, e abre novos horizontes. Esta visão também nos dá a energia para manifestarmos a sua realização em meio às complexidades da vida. Esta visão é, na realidade, o mundo futuro. Mas não se trata de uma utopia. O futuro já começou, e ele se revela toda vez que recebemos os estrangeiros, vestimos aqueles que estão nus, os doentes e presos são visitados, e a opressão é superada. Através dessas ações gratas, os primeiros vislumbres desse novo céu e dessa nova terra podem ser vistos.

Nessa nova cidade, Deus viverá entre nós, mas cada vez que dois ou três se reunirem em nome de Jesus, isso significa que Ele já se encontra entre nós. Naquela nova cidade todas as lágrimas secarão, mas a cada vez que as pessoas comerem o pão e beberem o vinho em sua memória, os sorrisos brotarão nas suas faces amarguradas. Na nova cidade, toda a criação será renovada, mas toda vez que os muros das prisões ruírem, que a pobreza for eliminada e as feridas forem tratadas com cuidado, a velha terra já estará dando lugar à nova. Através da ação compassiva, o velho já não é mais o velho e a dor já não é mais a dor. Apesar de ainda estarmos esperando ansiosamente, os primeiros sinais da nova terra e do novo céu, que nos foram prometidos e pelos quais ansiamos, já são visíveis na comunidade de fé, onde o Deus compassivo nos é revelado. Este é o fundamento da nossa fé, a base da nossa esperança e a fonte do nosso amor.

Epílogo

Os desenhos neste livro podem acabar sendo mais importantes do que as palavras. Por isso, não concluiremos este livro sem antes contar a dolorosa história que deu origem a esses desenhos.

Uma questão nos assombrava enquanto escrevíamos este livro: será que somos nós, pessoas bem-alimentadas, bem-vestidas, com boas casas e bem-protegidas que deveriam estar escrevendo acerca da compaixão? Podemos afirmar que conhecemos com certeza o que é o sofrimento em qualquer escala, e podemos, de fato, nos solidarizar com aqueles cujas vidas se encontram partidas? Apesar de tentarmos não ficar paralisados com sentimentos de culpa e, pelo contrário, tentarmos explorar tão sinceramente quanto possível os nossos próprios territórios espirituais limitados, ainda permanecemos dolorosamente conscientes dos clamores agonizantes de milhões de pessoas arrasadas pela opressão cruel. Enquanto trabalhávamos neste livro, líamos sobre famílias morrendo de fome e frio, ouvíamos falar da matança sistemática de tribos indígenas, nos deparávamos dia após dia com a prisão e a tortura de homens, mulheres e até mesmo de crianças por todo o mundo. Às vezes esse conhecimento penetrava tão fundo nos nossos corações que éramos tentados a abandonar a escrita e nos esconder com lágrimas de vergonha. Porém, resistimos à tentação, na esperança de que aquilo que escrevíamos pudesse ser uma expressão de um sincero desejo de participar do enfrentamento e da erradicação das enormes injustiças do mundo, e não de hipocrisia.

Em meio a todas essas dúvidas e hesitações, um homem emergiu da névoa difusa das nossas sensações ambíguas, e apareceu para nós como um representante do mundo que parecia estar nos acusando. Seu nome é Joel Filártiga, um médico que vive e trabalha com os mais pobres dos pobres no Paraguai. Com a ajuda da sua esposa, Nidia, e dos seus filhos, ele administra uma pequena clínica em Ybyqui, a duas horas de carro da capital, Assunção. Lá, as pessoas vêm de longas distâncias, a pé ou de carroça, para pedirem ajuda para as suas muitas doenças. Joel entende o seu povo. Ele conhece não só as doenças dos seus corpos, mas também sente profundamente as aflições das suas almas. Ele fala a língua deles, o Guarani, e ouve as histórias das suas lutas contínuas, e o seu coração sofre com o deles. Enquanto ele os ouve abrindo as suas almas, ele pega um lápis e desenha, desenha, e desenha. Das suas mãos saíram desenhos poderosos e chocantes, nos quais a agonia do povo paraguaio é representada e veiculada num protesto cheio de indignação. Através da sua arte, Joel Filártiga se tornou um dos mais ardorosos defensores dos pobres, e um dos críticos mais duros do opressivo governo de Stroessner. Através da sua arte ele se tornou muito mais do que simplesmente um bom médico do interior. Ele se tornou um homem que, com os seus lápis e canetas, pode berrar para muito além das fronteiras do seu país, e pedir ajuda e compreensão.

Quanto mais ouvíamos falar de Joel, mais começávamos a compreender o que a compaixão realmente é. É trabalho duro; é clamar com aqueles que sofrem; é tratar das feridas dos pobres e cuidar da vida deles; é defender os pobres e acusar, indignado, aos que violam a humanidade daqueles. É se juntar aos oprimidos na luta deles contra as injustiças; é pedir a ajuda, de toda forma possível, a qualquer pessoa que tenha ouvidos para ouvir e olhos para ver. Resumindo, é uma disposição em deixar de lado as nossas vidas pelas vidas dos nossos amigos.

Logo depois de conhecer Joel, soubemos o preço que ele teve que pagar pela sua compaixão. Em 30 de março de 1976, a polícia sequestrou o seu filho de dezessete anos, Joelito, e, em poucas horas, o torturou até a morte. Aqueles que não puderam matar o pai, popular e muito querido, não hesitaram em se vingar através do assassinato brutal do seu filho adolescente. A dor e o luto de Joel e Nidia não os levaram ao silêncio e à reclusão. Pelo contrário, eles gritaram em atos de protesto corajosos e, ao fazê-lo, colocaram em risco a própria vida. Ao invés de limparem e vestirem o corpo retorcido e queimado pelos choques elétricos que seu filho recebera, para que ele parecesse em paz, eles o deixaram nu sobre o colchão ensanguentado no qual ele havia sido encontrado. Assim, centenas de pessoas que vieram lhes oferecer as suas condolências, se deparavam com a tentativa maléfica de silenciar uma voz compassiva, e recordaram ao casal as palavras de Jesus: "mas porque não sois do mundo... o mundo vos odeia" (Jo 15,19).

Em agosto, alguns meses após a morte de Joelito, um de nós visitou Joel Filártiga no Paraguai e lhe pediu para que participasse dos nossos esforços para expressar, para o nosso tempo, o sentido do chamado de Jesus à compaixão. Nós sentíamos que esse homem sabia como expressá-lo e que ele poderia nos ajudar a saber, também. Em meio à dor pela perda de Joelito, Joel encontrou conforto e consolo nos desenhos que ele fez para este livro. Ele desenhava durante as longas noites, quando a dor profunda o mantinha acordado. Ele desenhava após encontros longos e ansiosos com juízes e advogados, nos quais ele pedia justiça, e ele também desenhava após horas de choro. Mas ele desenhava com esperança – esperança por ele, por sua família, por seus pacientes, por seu povo. Ele desenhava para que muitos soubessem e se convertessem. Ele desenhava para que a sua compaixão – comprada por um preço tão alto – não secasse, mas se tornasse um fogo que aquecesse os corações dos muitos que trabalham pela justiça e pela paz. É por causa de pessoas como Joel que este livro vale a pena ser publicado. Por isso, dedicamos este livro a ele e à sua esposa, em memória do seu amado filho Joelito.

Sobre os autores

Donald McNeill é padre da Congregação da Santa Cruz. Don deu aula de Teologia e desenvolveu, por três décadas, programas para se aprender a servir na Universidade Notre Dame, onde ele também ajudou a fundar o Centro de Cuidados Sociais. Atualmente, ele é Professor Associado junto ao Instituto de Estudos Latinos do Metropolitan Chicago Initiative da Universidade Notre Dame. Ele vive e prega em Chicago.

Douglas A. Morrison é padre na Arquidiocese de Hartford, e sempre esteve envolvido com trabalhos paroquiais, hospitalares e no ministério de aconselhamento pastoral, bem como no ensino e na administração em faculdades e universidades. Atualmente é o Vice-Diretor e Presidente da Unity Health Care, Inc., cuja missão é prestar serviços humanitários e de saúde para os sem-teto e carentes de Washington, D.C.

Henri Nouwen foi padre na Arquidiocese de Utrecht, nos Países Baixos. Desde a sua morte, em 1996, um número cada vez maior de leitores, escritores, professores e buscadores espirituais são guiados pelo seu legado literário. Henri deu aula na Universidade Notre Dame, e nas Faculdades de Teologia de Harvard e Yale. Em 1986 Henri se mudou para L'Arche Daybreak, perto de Toronto, no Canadá. Ele morreu subitamente em 21 de setembro de 1996 na Holanda e está enterrado em King City, Ontario.

Joel Filártiga, médico no Paraguai, desenhou as ilustrações deste livro em memória de seu filho de dezessete anos, Joelito, que foi torturado até a morte pela polícia em 1976.

Conheça mais sobre Henri Nouwen, seus escritos e sobre o trabalho da Henri Nouwen Society. Visite: *www.HenriNouwen.org*

LEIA TAMBÉM:

O livro da felicidade

Joan Chittister

Joan Chittister é beneditina, autora *best-seller* e palestrante conhecida internacionalmente. Já participou de diversos programas, incluindo o da renomada apresentadora americana Oprah Winfrey. É defensora da justiça, da paz e da igualdade, especialmente, para as mulheres do mundo todo, e é uma das mais influentes líderes sociais e religiosas do nosso tempo.

Escreveu vários livros que buscam entender o ser humano em perspectiva existencial e religiosa, com linguagem sempre atual e vivencial. Essa nova obra tem a felicidade como tema central.

Para Chittister, a felicidade não é um derivado da riqueza ou do sucesso, mas uma qualidade pessoal a ser aprendida, regida e destemidamente exercida. Porém muitos, erroneamente, acreditam que a felicidade resulta de ter bastante dinheiro, fama, conforto, sucesso mundano ou até pura sorte.

Ao longo dessas páginas, Chittister desenvolve "uma arqueologia da felicidade" enquanto conduz uma "escavação" através da sociologia, biologia, neurologia, psicologia, filosofia, história e religiões, oferecendo *insights* inspiradores que ajudarão peregrinos de todos os lugares a aprenderem a cultivar a verdadeira e duradoura felicidade dentro de si mesmo.

Joan Chittister é autora também de *Para tudo há um tempo* e *Entre a escuridão e a luz do dia*, ambos publicados pela Editora Vozes.

Esse livro é uma ótima opção de presente para o Natal!!

LEIA TAMBÉM:

Meu livro de orações

Anselm Grün

Autor reconhecido mundialmente por suas obras sobre espiritualidade e autoconhecimento, Anselm Grün traz nessa nova obra uma seleção de orações que são oriundas da tradição beneditina e outras que são próximas do espírito beneditino. O autor escreveu também orações inspiradas na experiência das instituições monásticas. Para os monges, oração significa: oferecer a Deus sua vida inteira, sua verdade mais íntima, para que o Espírito de Deus possa permear tudo em nós, e nos transformar.

Segundo Grün: "Na oração ofereço a Deus os meus sentimentos, as minhas afeições, os meus medos, para que, através deles, eu possa sentir Deus como o fundo mais recôndito da minha alma e onde encontro tranquilidade. Bento significa: 'o abençoado'. Orar, para São Bento, significa também colocar tudo sob a bênção de Deus: a mim mesmo, as pessoas e a realidade deste mundo, para que possamos vivenciar que tudo pode vir a ser uma bênção para nós e que nós mesmos somos uma bênção para as pessoas. O objetivo de orar, pedir, louvar e abençoar é 'que Deus seja glorificado em tudo'".

Anselm Grün é autor reconhecido no mundo inteiro por seus inúmeros livros publicados em mais de 28 línguas. O monge beneditino, da Abadia de Münsterschwarzach (Alemanha), une a capacidade ímpar de falar de coisas profundas com simplicidade e expressar com palavras aquilo que as pessoas experimentam em seu coração. Procurado como palestrante e conselheiro na Alemanha e no estrangeiro, tornou-se ícone da espiritualidade e mestre do autoconhecimento em nossos dias. Tem dezenas de obras publicadas no Brasil.

CULTURAL

Administração
Antropologia
Biografias
Comunicação
Dinâmicas e Jogos
Ecologia e Meio Ambiente
Educação e Pedagogia
Filosofia
História
Letras e Literatura
Obras de referência
Política
Psicologia
Saúde e Nutrição
Serviço Social e Trabalho
Sociologia

CATEQUÉTICO PASTORAL

Catequese
Geral
Crisma
Primeira Eucaristia

Pastoral
Geral
Sacramental
Familiar
Social
Ensino Religioso Escolar

TEOLÓGICO ESPIRITUAL

Biografias
Devocionários
Espiritualidade e Mística
Espiritualidade Mariana
Franciscanismo
Autoconhecimento
Liturgia
Obras de referência
Sagrada Escritura e Livros Apócrifos

Teologia
Bíblica
Histórica
Prática
Sistemática

REVISTAS

Concilium
Estudos Bíblicos
Grande Sinal
REB (Revista Eclesiástica Brasileira)

VOZES NOBILIS

Uma linha editorial especial, com importantes autores, alto valor agregado e qualidade superior.

VOZES DE BOLSO

Obras clássicas de Ciências Humanas em formato de bolso.

PRODUTOS SAZONAIS

Folhinha do Sagrado Coração de Jesus
Calendário de mesa do Sagrado Coração de Jesus
Almanaque Santo Antônio
Agendinha
Diário Vozes
Meditações para o dia a dia
Encontro diário com Deus
Guia Litúrgico

CADASTRE-SE
www.vozes.com.br

EDITORA VOZES LTDA.
Rua Frei Luís, 100 – Centro – Cep 25689-900 – Petrópolis, RJ
Tel.: (24) 2233-9000 – Fax: (24) 2231-4676 – E-mail: vendas@vozes.com.br

UNIDADES NO BRASIL: Belo Horizonte, MG – Brasília, DF – Campinas, SP – Cuiabá, MT
Curitiba, PR – Fortaleza, CE – Juiz de Fora, MG – Petrópolis, RJ – Recife, PE – São Paulo, SP